Familien Menüs

9783817488506

Abkürzungen

EL	Esslöffel	l	Liter	kcal	Kilokalorien
TL	Teelöffel	ml	Milliliter	kJ	Kilojoule
Msp.	Messerspitze	cl	Zentiliter	EW	Eiweiß
Bd.	Bund	gestr.	gestrichen	F	Fett
kg	Kilogramm	geh.	gehäuft	KH	Kohlenhydrate
g	Gramm	TK	Tiefkühl...	1 kJ = 0,239 kcal	
mg	Milligramm			1 kcal = 4,184 kJ	

Salat mit Avocado und Pilzen

Für 4 Personen:
- ca. 200 g gemischte grüne Blattsalate
- einige Radicchioblätter
- 4 Champignons
- 6 Cocktailtomaten
- 4 Radieschen
- 1 Apfel
- 1 Avocado
- 2 EL Zitronensaft

Für die Salatsoße:
- 4 EL Weißweinessig
- 1/2 EL Senf
- 1 Prise Zucker
- Salz
- Pfeffer aus der Mühle
- 6 EL Olivenöl

Grüne Blattsalate und Radicchio waschen. Anschließend putzen, trocken schleudern und kleiner zupfen. Champignons putzen und in Scheiben schneiden.

Cocktailtomaten waschen und halbieren. Radieschen waschen, putzen und in dünne Scheiben oder Stifte schneiden. Apfel waschen, vierteln, vom Kerngehäuse befreien und das Fruchtfleisch in Spalten schneiden.

Avocado schälen, halbieren, den Kern entfernen und das Fruchtfleisch in Spalten schneiden. Avocado- und Apfelspalten mit Zitronensaft beträufeln.

Für die Salatsoße Essig mit Senf, Zucker, Salz und Pfeffer glatt rühren. Dann das Olivenöl unterschlagen.

Die Salatzutaten in eine ausreichend große Schüssel geben. Das Dressing darüberträufeln, unterheben und dann den Salat auf Salatschälchen verteilen. Dann rasch servieren.

TIPP
Auch gut zu gemischtem Salat: ein Sauerrahm-Limetten-Dressing. Hierfür 150 g saure Sahne mit 100 ml Milch und 2 EL Limettensaft glatt rühren. Mit Zucker, Salz und Pfeffer abschmecken. Zum Schluss 2 EL gehackte Zitronenmelisse untermengen.

Zubereitungszeit: **25 Min.** Nährwerte pro Person: **265 kcal, 1109 kJ, 2 g EW, 25 g F, 7 g KH**

Salat mit Avocado und Pilzen

Kalorien ●●

Zubereitungszeit 🕐🕐

Zubereitung einfach

Vorbereitung Zubereitung direkt vor dem Servieren

Kartoffel-Gemüse-Salat

Für 4 Personen:
500 g festkochende Kartoffeln
1 TL Kümmel
150 g rote Paprikaschote
200 g Gurke
200 ml heiße Gemüsebrühe
5 EL Weißweinessig
Salz
5 EL Mayonnaise
Pfeffer aus der Mühle
2 EL Sesamsamen

Kartoffeln gründlich waschen und in einen großen Topf mit reichlich Wasser geben. Aufkochen und die Kartoffeln mit dem Kümmel in ca. 25 Minuten gar kochen; sie dürfen nicht zu weich sein.

In der Zwischenzeit Paprika halbieren, Kerne sowie weiße Innenhäute entfernen und die Schote waschen. Dann Fruchtfleisch in Streifen schneiden. Gurke waschen, schälen, längs halbieren, die Kerne mit einem Löffel herausschaben und das Fruchtfleisch in dünne Streifen raspeln.

Nach Garzeitende die Kartoffeln abgießen und kurz ausdampfen lassen. Dann schälen, in Scheiben schneiden und in eine große Salatschüssel geben. Mit heißer Gemüsebrühe und Essig übergießen. Mit Salz würzen und 30 Minuten durchziehen lassen.

Anschließend Gurke und Paprika zugeben. Nochmals mit Essig abschmecken. Die Mayonnaise vorsichtig unterheben. Den Kartoffelsalat mit frisch gemahlenem Pfeffer übermahlen und mit Sesamsamen bestreuen.

TIPP
Ganz nach Geschmack können auch noch 2 hart gekochte und grob gewürfelte Eier sowie Mais untergerührt werden. Aber immer darauf achten, dass Sie beim Umrühren behutsam vorgehen, sonst zerfallen die Kartoffeln schnell.

Zubereitungszeit: **30 Min. + 30 Min.** Nährwerte pro Person: **244 kcal, 1021 kJ, 5 g EW, 5 g F, 21 g KH**

Kartoffel-Gemüse-Salat

2

Kalorien ●

Zubereitungszeit ⏲⏲⏲

Zubereitung einfach

Vorbereitung kann gut vorbereitet werden

Nudelsalat mit getrockneten Tomaten

Für 4 Personen:
Salz
400 g Fusilli
50 g getrocknete Tomaten in Öl (Glas)
1 rote Zwiebel
2 gelbe Paprikaschoten
1 Knoblauchzehe
5 EL Olivenöl
1 EL Zitronensaft
2 EL weißer Balsamico-Essig
4 Stängel Petersilie
Cayennepfeffer

Reichlich gesalzenes Wasser zum Kochen bringen. Nudeln darin nach Packungsanweisung bissfest kochen. Anschließend kurz abschrecken und in einem Sieb etwas abtropfen lassen.

In der Zwischenzeit Tomaten aus dem Öl nehmen und grob hacken. Zwiebel schälen, halbieren und in Halbringe schneiden. Paprikaschoten halbieren, putzen, waschen und klein würfeln. Knoblauchzehe schälen und sehr fein hacken.

Für die Marinade bzw. das Dressing Olivenöl, Zitronensaft und Balsamico-Essig in einer Schüssel verrühren. Petersilie abbrausen, trocken schütteln und die Blättchen sehr fein hacken. Zum Dressing geben und das Ganze mit Salz und Cayennepfeffer würzen.

Nudeln mit Tomaten, Zwiebel, Paprikawürfeln und Knoblauch in eine große Schale geben. Dressing darübergeben und alles gut vermengen. Vor dem Servieren etwas durchziehen lassen und dann nochmals abschmecken.

TIPP

Die Nudeln erhalten ein würzigeres Aroma, wenn man sie in Gemüsebrühe kocht. Außerdem können Sie ganz nach Geschmack noch 250 g gewürfelten Mozzarella unter den Nudelsalat mengen – das unterstreicht den mediterranen Geschmack noch zusätzlich.

Zubereitungszeit: **25 Min.**

Nährwerte pro Person: **489 kcal, 2046 kJ, 14 g EW, 16 g F, 72 g KH**

Nudelsalat mit getrockneten Tomaten

3

Kalorien ●●

Zubereitungszeit 🕒🕒

Zubereitung einfach

Vorbereitung kann gut vorbereitet werden

Mango-Möhren-Salat

Für 4 Personen:
500 g Möhren
4 Stangen Sellerie
3 EL Limettensaft
2 EL Rapsöl
4 EL Joghurt
1/2 TL geschrotete Koriandersamen
1/2 TL Kurkumapulver
Salz
Pfeffer aus der Mühle
1/2 Bd. Petersilie
1 Mango
100 g Cashewnüsse

Möhren schälen. Sellerie waschen und putzen, dann mit Möhren in 5 mm breite Streifen schneiden. Gemüse ca. 4 Minuten dämpfen.

2 EL Limettensaft mit Öl, Joghurt und 3 EL der Dämpfflüssigkeit verrühren. Mit Koriander, Kurkuma, Salz und Pfeffer würzen. Möhren und Sellerie anrichten und mit dem Dressing beträufeln.

Petersilie waschen, trocken schütteln und ohne grobe Stielenden hacken. Mango schälen, Fruchtfleisch würfeln und mit übrigem Limettensaft beträufeln. Nüsse ohne Fettzugabe in einer Pfanne rösten.

Mangowürfel auf dem Möhrensalat verteilen. Petersilie und Nüsse darüberstreuen und servieren.

TIPP
Um den asiatischen Geschmack noch zu unterstützen, kann die Hälfte der Petersilie durch Koriander ersetzt werden.

Zubereitungszeit: **30 Min.** Nährwerte pro Person: **268 kcal, 1121 kJ, 7 g EW, 18 g F, 19 g KH**

Mango-Möhren-Salat

Kalorien ●●

Zubereitungszeit 🕐🕐

Zubereitung einfach

Vorbereitung Zubereitung direkt vor dem Servieren

Spinatsalat mit kandierten Mandeln

Für 4 Personen:
1 EL Dijon-Senf
1/2 TL Knoblauch, fein gehackt
Saft von 1/2 Zitrone
1 TL Weißweinessig
135 g Zucker
125 ml Olivenöl
185 g Mandeln, grob gehackt
125 g Babyspinat
125 g frische Cranberrys
100 g frischer Ziegenkäse

Für die Vinaigrette Senf und Knoblauch in eine mittelgroße Schüssel geben. Zitronensaft, Essig und 1 TL Zucker dazugeben und glatt rühren. Langsam Olivenöl einrühren, bis eine homogene Masse entsteht.

Backofen auf 120 Grad vorheizen. Auf der Arbeitsfläche Backpapier ausbreiten. Restlichen Zucker in einen mittelgroßen Topf geben und 2 EL Wasser sowie 1 Spritzer Zitronensaft darübergeben. Mandeln auf ein Backblech geben und im Backofen erwärmen.

Zucker und Wasser zum Kochen bringen und so lange kochen, bis der Zucker goldbraun wird. Topf dabei gelegentlich schwenken, um eine gleichmäßige Färbung zu erhalten. Warme Mandeln einrühren und karamellisierte Kerne sofort auf dem vorbereiteten Backpapier gleichmäßig verteilen. Vollständig abkühlen lassen, dann grob hacken oder in kleine Stücke brechen.

Spinat und Cranberrys waschen und trocken tupfen. Ziegenkäse entrinden und zerkrümeln. Spinat, Cranberrys und Käse in eine große Schüssel geben. Vinaigrette darübergeben, kurz durchmischen und auf Teller verteilen. Mit den kandierten Mandeln bestreuen und servieren.

Zubereitungszeit: **25 Min.** Nährwerte pro Person: **350 kcal, 1464 kJ, 12 g EW, 28 g F, 17 g KH**

Spinatsalat mit kandierten Mandeln

5

Kalorien ●●

Zubereitungszeit 🕐🕐

Zubereitung einfach

Vorbereitung Zubereitung direkt vor dem Servieren

Grüner Pastasalat

Für 4 Personen:
300 g Hörnchennudeln
Salz
7 EL Olivenöl
200 g Zuckerschoten
1/2 Stange Lauch
1 Stange Sellerie
1 rote Paprika
2 EL Butter
50 ml Gemüsebrühe
4 EL weißer Balsamico-Essig
Pfeffer aus der Mühle
1/2 Bd. Basilikum

Hörnchennudeln nach Packungsanweisung in gesalzenem Wasser bissfest garen. Abgießen und das Wasser auffangen. Nudeln in einer Schüssel mit etwas Olivenöl verrühren.

Zuckerschoten putzen und waschen. Mundgerecht halbieren oder vierteln. Nudelwasser nochmals aufkochen und die Schoten darin 2 Minuten blanchieren. Abgießen und sofort mit eiskaltem Wasser oder Eiswürfeln abschrecken; so bleiben sie knackig und schön grün.

Lauch putzen und schräg in schmale Scheiben schneiden und diese zerpflücken. Gründlich wässern. In einem Sieb abtropfen lassen.

Sellerie waschen. Wurzelansatz und Blätter abschneiden, Letztere beiseitelegen. Sellerie raspeln. Paprika waschen, halbieren, Kerne und weiße Innenhäute entfernen und Paprika würfeln.

Butter erhitzen. Lauch darin kurz dünsten, dann Paprika und Sellerie unterrühren. Mit Brühe ablöschen und 3 Minuten unter Rühren weiterdünsten.

Lauch-Paprika-Mischung kräftig mit restlichem Olivenöl, Essig, Salz und Pfeffer würzen. Zu den Nudeln geben und mit den Zuckerschoten unterrühren. Selleriegrün hacken. Basilikum waschen und grob hacken. Beides zum Salat geben.

Pastasalat mindestens 10 Minuten ziehen lassen. Dann nochmals abschmecken und lauwarm oder kalt servieren.

Zubereitungszeit: **30 Min. + 10 Min.** Nährwerte pro Person: **398 kcal, 1665 kJ, 8 g EW, 27 g F, 30 g KH**

Grüner Pastasalat

Kalorien ●●

Zubereitungszeit 🕓🕓

Zubereitung einfach

Vorbereitung kann gut vorbereitet werden

Taboulé mit Himbeeren

Für 4 Personen:
175 g Couscous
75 g getrocknete Tomaten in Öl (Glas)
1 kleine rote Zwiebel
1 Bd. glatte Petersilie
Saft und abgeriebene Schale von 1 Limette (unbehandelt)
2 EL Himbeeressig
1 EL Zucker
Salz
5 EL Olivenöl
30 g frischer Meerrettich
75 g Zwiebelsprossen
125 g Sojasprossen
125 g frische Himbeeren

Couscous nach Packungsanweisung garen und anschließend auskühlen lassen. Tomaten abtropfen lassen und Zwiebel abziehen, dann beides in feine Würfel schneiden.

Petersilie waschen, trocken schütteln, Blätter abzupfen und in feine Streifen schneiden. Limettensaft mit Essig, Zucker, Salz, Limettenschale und Olivenöl zu einem Dressing verrühren.

Meerrettich reiben. In einer Salatschüssel mit Zwiebel- und Sojasprossen, Couscous, Tomaten, Zwiebel, Petersilie und dem Dressing vermengen. Dann Taboulé mit den Himbeeren garnieren und rasch servieren.

TIPP
Couscous wird aus Hartweizengrieß gewonnen und ist besonders in den Küchen des Nahen Ostens und Nordafrikas beliebt.

Zubereitungszeit: **40 Min.** Nährwerte pro Person: **343 kcal, 1435 kJ, 6 g EW, 16 g F, 43 g KH**

Taboulé mit Himbeeren

Kalorien ●●

Zubereitungszeit ⏲⏲

Zubereitung mittel

Vorbereitung kann gut vorbereitet werden

Krabbensalat

Für 4 Personen:
2 feste Tomaten
2 rote Paprikaschoten
200 g Stangensellerie
800 g küchenfertige Nordseekrabben
4 EL Weißweinessig
2 EL Zitronensaft
6 EL Sonnenblumenöl
2 EL Olivenöl
Salz
Cayennepfeffer
4 Stängel Koriander

Tomaten mit heißem Wasser überbrühen und häuten. Dann vierteln und Kerne sowie Stielansätze entfernen. Fruchtfleisch in feine Würfel schneiden.

Paprikaschoten waschen und halbieren, von Kernen sowie weißen Innenhäuten befreien. Dann das Fruchtfleisch würfeln.

Sellerie waschen und abtropfen lassen. Putzen und dann in sehr feine Scheiben schneiden. Krabben gegebenenfalls aus der Lake nehmen und in einem Küchensieb abtropfen lassen.

Weißweinessig mit Zitronensaft vermengen, Sonnenblumen- und Olivenöl kräftig unterrühren. Mit Salz und Cayennepfeffer abschmecken.

Alle Zutaten in eine Salatschüssel geben und mit dem Dressing übergießen. Gut durchmischen und den Krabbensalat etwas ziehen lassen.

Koriander abbrausen und trocken schütteln. Blättchen von den Stängeln zupfen, hacken und unter den Krabbensalat mischen. Dann servieren.

TIPP
Wer mag ersetzt etwas Krabben- durch Flusskrebsfleisch.

Zubereitungszeit: **25 Min.** Nährwerte pro Person: **511 kcal, 2138 kJ, 41 g EW, 32 g F, 14 g KH**

Krabbensalat

8

Kalorien ●●●

Zubereitungszeit 🕒🕒

Zubereitung einfach

Vorbereitung kann gut vorbereitet werden

Blattsalat mit Pute und Speck

Für 4 Personen:
200 g Putenbrust
8 Champignons
Zitronensaft
1 rote Zwiebel
2 EL Sonnenblumenöl
Salz
Pfeffer aus der Mühle
8 Scheiben Frühstücksspeck
400 g gemischte Blattsalate
6 EL Olivenöl
3 EL Balsamico-Essig
100 g Gorgonzola

Putenbrust waschen und trocken tupfen. Gegen die Faser in mundgerechte Stücke schneiden. Champignons säubern und Stielenden abschneiden. Pilze in Scheiben schneiden. Mit etwas Zitronensaft beträufeln.

Zwiebel schälen und in sehr dünne Ringe schneiden. Sonnenblumenöl in einer Pfanne erhitzen und das Putenfleisch darin von allen Seiten goldbraun braten; immer wieder durchrühren. Mit Salz und frisch gemahlenem Pfeffer würzen, aus der Pfanne nehmen und beiseitestellen.

Champignons in das restliche Fett geben und ca. 1 Minute braten. Mit Salz und Pfeffer würzen. Herausnehmen und beiseitestellen. Frühstücksspeck ohne zusätzliches Fett unter mehrmaligem Wenden knusprig braten.

Salatblätter putzen, waschen und trocken schütteln, dann zerpflücken und in eine große Salatschüssel geben. Champignons und Zwiebel dazugeben. Olivenöl und Essig mit Salz und Pfeffer verschlagen. Das Dressing über den Salat träufeln und gut vermengen. Putenfleisch unterheben und den Salat auf 4 Teller verteilen.

Gorgonzola zerkrümeln und über den Salat streuen. Mit dem knusprig gebratenen Frühstücksspeck belegen und Salat sofort servieren.

Zubereitungszeit: **30 Min.** Nährwerte pro Person: **345 kcal, 1443 kJ, 21 g EW, 27 g F, 4 g KH**

Blattsalat mit Pute und Speck

Kalorien ●●

Zubereitungszeit 🕐🕐

Zubereitung einfach

Vorbereitung Zubereitung direkt vor dem Servieren

Gemüsesticks mit Ricottacreme

Für 4 Personen:
8 Stangen Sellerie
12 Möhren
400 g wilde Blaubeeren (Glas, z. B. aus Nordamerika)
300 g Ricotta
120 g Gorgonzola, fein gehackt
4 EL Blaubeersaft (Glas)
4 Msp. abgeriebene Orangenschale (unbehandelt)
Pfeffer aus der Mühle

Sellerie putzen und waschen. Möhren schälen und putzen. Beides in fingerlange Sticks schneiden. Blaubeeren in ein Sieb geben und gründlich abtropfen lassen.

Ricotta mit Gorgonzola und Blaubeersaft glatt rühren und das Ganze mit Orangenschale und Pfeffer abschmecken. Beeren untermengen. Als Dip zu den Gemüsesticks servieren.

TIPP
Dieser Snack eignet sich auch hervorragend für ein Picknick; dafür einfach alles in fest verschließbare Gefäße füllen.

Zubereitungszeit: **15 Min.**
Nährwerte pro Person: **409 kcal, 1711 kJ, 17 g EW, 21 g F, 36 g KH**

Gemüsesticks mit Ricottacreme

Kalorien ●●

Zubereitungszeit 🕐

Zubereitung einfach

Vorbereitung kann gut vorbereitet werden

Nudelsuppe mit Gemüse und Speck

Für 4 Personen:
1 Zwiebel
2 Knoblauchzehen
100 g Frühstücksspeck
400 g Möhren
2 Stangen Sellerie
2 Wirsingblätter
150 g TK-Erbsen
2 EL Olivenöl
1 l Fleischbrühe
300 g Hörnchennudeln
Salz
Pfeffer aus der Mühle

Zwiebel und Knoblauchzehen schälen und fein hacken. Frühstücksspeck in feine Würfel schneiden. Die Möhren schälen und in Scheiben schneiden.

Selleriestangen waschen, putzen und in kleine Würfel schneiden. Die Wirsingblätter waschen und in feine Streifen schneiden. Erbsen in ein Sieb geben und antauen lassen.

Öl in einem großen Topf erhitzen und Zwiebel, Knoblauch und Speck darin bei mittlerer Hitze anbraten. Gemüse zufügen, mit Fleischbrühe aufgießen und aufkochen lassen.

Nudeln einstreuen und ca. 15 Minuten bei schwacher Hitze köcheln lassen, bis sie bissfest sind. Mit Salz und Pfeffer abschmecken und dann heiß servieren.

TIPP
Vor dem Servieren nach Wunsch frisch gehackte Kräuter (Dill, Petersilie oder Basilikum) einstreuen. Eine italienische Note erhält die Suppe, wenn Sie kurz vor Garzeitende 1 EL Pesto in die Nudelsuppe einrühren.

Zubereitungszeit: **25 Min. + 15 Min.** Nährwerte pro Person: **510 kcal, 2134 kJ, 29 g EW, 28 g F, 37 g KH**

Nudelsuppe mit Gemüse und Speck

Kalorien ●●●

Zubereitungszeit 🕒🕒

Zubereitung einfach

Vorbereitung Zubereitung direkt vor dem Servieren

Brezensuppe

Für 4 Personen:
2 Zwiebeln
2 EL Schweineschmalz
2 Laugenbrezen (möglichst vom Vortag)
1 l Fleischbrühe
Salz
Pfeffer aus der Mühle
Muskatnuss
1 Bd. Schnittlauch

Zwiebeln schälen. 1 Zwiebel fein hacken. In einem Suppentopf 1 EL Schmalz erhitzen und die gehackte Zwiebel darin andünsten. Brezen in ca. 1/2 cm breite Scheiben schneiden. In den Topf geben und kurz mit den Zwiebeln braten.

Zwiebel-Brezen-Mischung mit der Fleischbrühe aufgießen. Deckel auflegen und das Ganze ca. 15 Minuten bei milder Hitze sanft köcheln lassen.

In der Zwischenzeit die zweite Zwiebel in dünne Ringe schneiden. Übriges Schweineschmalz in einer Pfanne erhitzen und Zwiebelringe darin unter Rühren braun anbraten.

Suppe mit Salz, frisch gemahlenem Pfeffer und frisch geriebener Muskatnuss kräftig abschmecken. Abgeschmolzene Zwiebelringe in die Suppe geben und zugedeckt nochmals 5 Minuten ziehen lassen.

Schnittlauch abbrausen, trocken schütteln und in dünne Ringe schneiden. Vor dem Servieren in die Brezensuppe streuen.

TIPP
Die Suppe erhält eine pikantere Note, wenn Sie geriebenen würzigen Käse über die Brezenstücke geben, bevor Sie das Ganze mit der Brühe aufgießen. Der Käse sollte leicht braun sein.

Zubereitungszeit: **30 Min.**

Nährwerte pro Person: **160 kcal, 669 kJ, 4 g EW, 6 g F, 18 g KH**

Brezensuppe

Kalorien ●

Zubereitungszeit 🕒🕒

Zubereitung einfach

Vorbereitung Zubereitung direkt vor dem Servieren

Feine Kürbiscremesuppe

Für 4 Personen:
500 g Hokkaidokürbis
1 mehligkochende Kartoffel
1 Zwiebel
1 walnussgroßes Stück Ingwer
2 EL Öl
1/2 TL Currypulver
750 ml Gemüsebrühe
3 Frühlingszwiebeln
1 TL Kräuterbutter
175 g frische Cranberrys
2 TL brauner Zucker
200 g Sahne
Salz
Pfeffer aus der Mühle
Saft von 2 Orangen

Kürbis schälen und entkernen, das Fruchtfleisch würfeln. Kartoffel schälen, waschen und in Stücke schneiden. Zwiebel schälen und würfeln. Ingwer schälen und sehr fein würfeln oder reiben.

Öl in einem Topf erhitzen. Zwiebel, Ingwer und Curry kurz darin anschwitzen. Kürbis und Kartoffel zugeben und kurz andünsten. Brühe angießen und zugedeckt 20 Minuten köcheln lassen.

Frühlingszwiebeln putzen, waschen und in feine Ringe schneiden. Kräuterbutter in einer Pfanne erhitzen. Cranberrys darin andünsten und mit 1 TL Zucker bestreuen. Drei Viertel der Cranberrys in den Kürbis-Kartoffel-Sud geben und den Rest beiseitestellen.

Die Kürbissuppe mit einem Stabmixer gründlich pürieren. Die Sahne angießen, restliche Cranberrys zugeben und das Ganze einmal aufkochen. Mit Salz, frisch gemahlenem Pfeffer und ein wenig braunem Zucker würzen.

Frühlingszwiebeln und Orangensaft in die Suppe geben und kurz erhitzen, aber nicht mehr kochen lassen. Kürbiscremesuppe vor dem Servieren nochmals mit den Gewürzen abschmecken. In Suppenschüsselchen füllen und die Kürbiscremesuppe heiß servieren.

Zubereitungszeit: **30 Min. + 20 Min.** Nährwerte pro Person: **392 kcal, 1640 kJ, 5 g EW, 23 g F, 24 g KH**

Feine Kürbiscremesuppe

Kalorien ●●

Zubereitungszeit ⏱⏱⏱

Zubereitung einfach

Vorbereitung kann gut vorbereitet werden

Bohnensuppe mit Gemüse

Für 4 Personen:
150 g getrocknete weiße Bohnen
2 Zwiebeln
2 Knoblauchzehen
2 EL Olivenöl
4 TL gekörnte Gemüsebrühe
4 Stangen Sellerie
2 Möhren
400 g Brokkoli
3 Tomaten
1 kleine Stange Lauch
1 gelbe Paprikaschote
3 Salbeiblätter
2 Rindswürstchen
Salz
Pfeffer aus der Mühle
1 Bd. Petersilie
10 Basilikumblätter

Bohnen in 1 1/2 l Wasser einweichen und über Nacht quellen lassen.

Zwiebeln und Knoblauch abziehen und fein würfeln. Olivenöl in einem Topf erhitzen und beides darin goldgelb braten. Bohnen mit Einweichwasser und Brühe dazugeben. Suppe ca. 1 Stunde köcheln lassen.

Sellerie waschen, putzen und fein schneiden. Möhren putzen, schälen und in dünne Scheiben schneiden. Brokkoli waschen, putzen und in Röschen teilen. Strunk würfeln. Bis auf die Brokkoliröschen das Gemüse in den Topf geben. Bei Bedarf noch etwas Wasser nachgießen. Suppe 30 Minuten kochen lassen.

Tomaten waschen. Für 2 Minuten in die Suppe legen, herausnehmen und Haut abziehen. Fruchtfleisch würfeln. Lauch putzen, waschen und fein schneiden. Paprika waschen und Schote hacken. Salbei hacken. Tomaten, Lauch, Paprika, Salbei und Brokkoliröschen in die Suppe geben. Alles noch ca. 10 Minuten köcheln lassen. Rindswürstchen klein schneiden und dann ebenfalls hineinlegen.

Suppe mit Salz und Pfeffer abschmecken. Petersilie fein hacken, dann in die Bohnensuppe rühren. Vor dem Servieren Basilikumblätter in dünne Streifen schneiden. Suppe in Schälchen anrichten und Basilikum darüberstreuen.

Zubereitungszeit: **40 Min. + 12 Std. + 100 Min.** Nährwerte pro Person: **458 kcal, 1916 kJ, 29 g EW, 18 g F, 44 g KH**

Bohnensuppe mit Gemüse

Kalorien ●●

Zubereitungszeit 🕒🕒🕒

Zubereitung einfach

Vorbereitung kann gut vorbereitet werden

Hühnersuppe mit Reis

Für 4 Personen:
1 große Zwiebel
2 Lorbeerblätter
2 Gewürznelken
1 Hähnchen
Salz
1 Bd. Suppengrün
1/2 Bd. Liebstöckel
Pfeffer
200 g Langkornreis
2 Möhren
4 Stangen Sellerie

Zwiebel schälen. Mit Lorbeer sowie Nelken spicken. Hähnchen innen und außen abbrausen und trocken tupfen. Hähnchen mit der Zwiebel in einen großen Topf geben und mit kaltem Wasser bedecken. Langsam aufkochen, dabei den aufsteigenden Schaum sorgfältig abschöpfen. 15 Minuten kochen lassen, dann die Brühe salzen.

In der Zwischenzeit Suppengrün putzen und klein schneiden, dabei den dunkelgrünen Teil des Lauchs entfernen. Liebstöckel abbrausen und mit dem Suppengrün zum Hähnchen geben.

Den Sud mit Pfeffer würzen und ca. 1 Stunde bei niedriger Hitze gar ziehen lassen. Inzwischen den Reis nach Packungsanleitung garen. Möhren schälen und würfeln. Sellerie waschen, putzen und in dünne Scheibchen schneiden.

Das Hähnchen nach Garzeitende aus der Brühe heben und abtropfen lassen. Brühe durch ein mit einem sauberen Küchenhandtuch ausgelegtes Haarsieb in einen sauberen Topf abseihen. Ausgekochtes Suppengrün und Zwiebel entfernen.

Die abgeseihte Brühe zum Kochen bringen. Möhren und Sellerie dazugeben und 5 Minuten kochen lassen.

Hühnerfleisch von den Knochen lösen und zusammen mit dem Reis auf 4 Suppenschüsseln verteilen. Mit der Brühe und dem Gemüse übergießen und sofort heiß servieren.

Zubereitungszeit: **30 Min. + 80 Min.** Nährwerte pro Person: **387 kcal, 1619 kJ, 19 g EW, 16 g F, 42 g KH**

Hühnersuppe mit Reis

Kalorien ●●

Zubereitungszeit 🕒🕒🕒

Zubereitung mittel

Vorbereitung kann gut vorbereitet werden

Rindfleischsuppe mit Gemüse

Für 4 Personen:
400 g Rindfleisch (z. B. Beinfleisch)
Salz
200 g Perlgraupen
2 Kartoffeln
2 Möhren
1 Knollensellerie
1 Stange Lauch
2 Zwiebeln
Pfeffer aus der Mühle
1 Prise Cayennepfeffer
1/2 Bd. Schnittlauch

Rindfleisch mit kaltem Wasser abspülen und in ca. 3 cm große Würfel schneiden. Mit 2 l Wasser und 1 TL Salz in einen ausreichend großen Topf geben.

Aufkochen und Sud bei mittlerer Hitze ohne Deckel ca. 1 Stunde köcheln lassen. Zwischendurch immer wieder den Schaum, der sich auf dem Wasser bildet, mit einem Schaumlöffel abschöpfen.

Graupen in einen Topf mit kaltem Wasser geben, aufkochen und 5 Minuten leise köcheln lassen. In ein Sieb abgießen, kalt abspülen und mit dem Fleisch mitkochen.

Kartoffeln, Möhren und Sellerie schälen und waschen. Lauch putzen und waschen. Zwiebeln schälen. Das Ganze dann in mundgerechte Stücke schneiden und nach 30 Minuten zum Fleischsud geben.

Die Suppe mit Salz, frisch gemahlenem Pfeffer sowie mit Cayennepfeffer würzig abschmecken. Den Schnittlauch mit kaltem Wasser abbrausen, trocken schütteln und in feine Röllchen schneiden.

Suppe auf Suppentassen oder -schüsseln verteilen und mit Schnittlauchröllchen bestreuen. Dann die Rindfleischsuppe heiß servieren.

Zubereitungszeit: **30 Min. + 1 Std.**   Nährwerte pro Person: **365 kcal, 1527 kJ, 22 g EW, 10 g F, 46 g KH**

Rindfleischsuppe mit Gemüse

Kalorien ●●

Zubereitungszeit 🕒🕒🕒

Zubereitung mittel

Vorbereitung kann gut vorbereitet werden

Lachssandwiches

Für 4 Personen:
4 Blätter Kopfsalat
200 g Frischkäse
50 ml Milch
2 TL Meerrettich
Salz
Pfeffer
1/2 Bd. Schnittlauch
12 Scheiben Weißbrot
150 g Räucherlachs in Scheiben

Salatblätter waschen und trocken schütteln. Frischkäse und Milch glatt rühren, Meerrettich hinzufügen und alles salzen und pfeffern. Schnittlauch waschen, trocken tupfen, dann in kleine Röllchen schneiden.

8 Brotscheiben mit der Frischkäsemischung bestreichen. Mit Lachs belegen und mit Schnittlauch bestreuen. Je 2 der belegten Brotscheiben übereinanderlegen, sodass eine mit Frischkäse bestrichene Seite nach oben zeigt.

Je 1 Salatblatt auf jeden Sandwichstapel legen. Restliche Brotscheiben auflegen. Jedes Sandwich in 3 Streifen schneiden und servieren.

TIPP
Lecker schmecken die Sandwiches auch, wenn man sie mit geräucherter Hühner- oder Putenbrust belegt.

Zubereitungszeit: **20 Min.** Nährwerte pro Person: **420 kcal, 1757 kJ, 19 g EW, 21 g F, 38 g KH**

Lachssandwiches

Kalorien ●●

Zubereitungszeit 🕐

Zubereitung einfach

Vorbereitung Zubereitung direkt vor dem Servieren

Falafel mit Joghurtdip

Für 4 Personen:
400 g getrocknete Kichererbsen
1 Zwiebel
1 Knoblauchzehe
je 1 Stängel Petersilie und Koriander
1–2 EL Olivenöl
2–3 EL Paniermehl
gemahlener Kreuzkümmel
Korianderpulver
Salz
Pfeffer aus der Mühle
Öl zum Frittieren
250 g Joghurt
3 EL Tahin (Sesampaste)
1 EL Honig
1/2 TL abgeriebene Orangenschale (unbehandelt)
je 1/2 TL Piment- und Zimtpulver

Kichererbsen über Nacht in kaltem Wasser einweichen. Danach in ein Sieb abgießen, abspülen und abtropfen lassen.

Zwiebel und Knoblauch schälen und fein hacken. Beides zu den Kichererbsen geben und in der Küchenmaschine zerkleinern oder durch den Fleischwolf drehen.

Petersilie und Koriander kalt abbrausen, trocken tupfen, die Blättchen abzupfen und fein hacken. Kichererbsenmasse mit den Kräutern, dem Olivenöl und dem Paniermehl vermischen. Mit Kreuzkümmel, Koriander, Salz und Pfeffer kräftig würzen. Mit angefeuchteten Händen aus der Masse längliche Kroketten formen.

Öl in der Fritteuse oder einem hohen Topf auf ca. 170 Grad erhitzen. Falafel darin portionsweise goldbraun frittieren. Anschließend Falafel mit der Schaumkelle aus dem Fett herausheben, auf Küchenpapier gründlich entfetten lassen und warm halten.

Joghurt mit Tahin, Honig, abgeriebener Orangenschale, Piment und Zimt gründlich verrühren. Nach Wunsch den Dip noch mit Salz und frisch gemahlenem Pfeffer abschmecken. Den Joghurtdip in eine kleine Schale geben und zu den noch warmen Falafeln servieren.

Zubereitungszeit: **40 Min. + 12 Std.** Nährwerte pro Person: **567 kcal, 2373 kJ, 23 g EW, 23 g F, 65 g K**

Falafel mit Joghurtdip

Kalorien ●●●

Zubereitungszeit 🕒🕒🕒

Zubereitung mittel

Vorbereitung kann gut vorbereitet werden

Käsekroketten

Für 4 Personen:
Öl zum Frittieren
2 Eier
250 g schnittfester Käse (z. B. Gouda oder Ziegenkäse)
100 g Mehl
150 g Paniermehl
Salat zum Garnieren

Öl in der Fritteuse oder einem hohen Topf auf 180 Grad erhitzen. Eier verquirlen. Käse in mundgerechte Stücke schneiden. Mehl und Paniermehl jeweils in einen tiefen Teller geben.

Käsestücke zuerst in Mehl wälzen, dann durch die verquirlten Eier ziehen und schließlich in Paniermehl wenden. Nochmals durch das Ei ziehen, dann im Paniermehl wälzen. Panade gut andrücken.

Panierte Käsewürfel im heißen Fett goldbraun ausbacken und auf Küchenpapier entfetten. Mit Salat garniert auf Tellern anrichten und servieren.

TIPP
Dazu passt ein Joghurt-Kräuter-Dip: 1 Bd. gemischte Kräuter hacken, mit 1 durchgepressten Knoblauchzehe und 2 EL gehackten Walnusskernen sowie 150 g Joghurt vermengen. Mit Salz und weißem Pfeffer abschmecken.

Zubereitungszeit: **15 Min.**   Nährwerte pro Person: **540 kcal, 2259 kJ, 26 g EW, 28 g F, 46 g KH**

Käsekroketten

Kalorien ●●●

Zubereitungszeit ⏱

Zubereitung einfach

Vorbereitung kann gut vorbereitet werden

Gefüllte Tomaten mit Frischkäse

Für 10 Stück:
10 mittelgroße Tomaten
6 EL Frischkäse
4 EL Magerquark
1 EL Sahne
1 EL Zitronensaft
1 Schalotte
6 entsteinte grüne Oliven
2 EL Basilikumblättchen
1 kleine Knoblauchzehe
Salz
schwarzer Pfeffer
je 10 Basilikumblätter und Oliven zum Garnieren

Tomaten waschen, einen flachen Deckel abschneiden und die Tomaten aushöhlen. Mit der Öffnung nach unten auf Küchenpapier abtropfen lassen.

Den Frischkäse mit Quark, Sahne und Zitronensaft verrühren. Schalotte schälen und fein würfeln. Oliven fein würfeln. Beides unter die Käsemasse mischen.

Basilikumblättchen waschen, trocken tupfen und unter die Käsemasse heben.

Knoblauch schälen und dazupressen. Frischkäse mit Salz und schwarzem Pfeffer abschmecken.

Den Olivenkäse in die Tomaten füllen. Mit Basilikum und Oliven garnieren.

TIPP
Die gefüllten Tomaten sind perfekte Begleiter für ein sommerliches Picknick.

Zubereitungszeit: **20 Min.** Nährwerte pro Stück: **54 kcal, 226 kJ, 4 g EW, 1 g F, 6 g KH**

Gefüllte Tomaten mit Frischkäse

Kalorien ●

Zubereitungszeit ⏱

Zubereitung einfach

Vorbereitung kann gut vorbereitet werden

Ofentortilla

Für 4 Personen:
500 g Pellkartoffeln, am Vortag gegart
4 EL Olivenöl
5 Eier
Salz
Pfeffer aus der Mühle

Backofen auf 180 Grad vorheizen. Kartoffeln schälen und in Scheiben schneiden. Öl in einer nicht zu großen ofenfesten Pfanne erhitzen und Kartoffelscheiben von allen Seiten darin anbraten.

Eier verquirlen und mit Salz und Pfeffer würzen. Dann das Ganze über die Kartoffelscheiben gießen.

Pfanne in den Ofen stellen und auf der mittleren Schiene 5 Minuten stocken lassen. Tortilla wenden und weitere 5 Minuten im Backofen garen.

Fertige Ofentortilla auf ein Schneidebrett stürzen und etwas abkühlen lassen. Tortilla in 4 Portionen teilen, auf Tellern anrichten und noch heiß servieren.

TIPP
In Spanien serviert man zu Tortilla etwas Mayonnaise.

Zubereitungszeit: **25 Min.**

Nährwerte pro Person: **392 kcal, 1640 kJ, 21 g EW, 27 g F, 16 g KH**

Ofentortilla

Kalorien ●●

Zubereitungszeit 🕐🕐

Zubereitung einfach

Vorbereitung Zubereitung direkt vor dem Servieren

Buchweizenfrikadellen mit Gemüse

Für 4 Personen:
250 g Buchweizenkörner
1 EL Tomatenmark
1 Würfel Gemüsebrühe
1 TL Currypulver
Salz
Pfeffer aus der Mühle
1 Zwiebel
1 Knoblauchzehe
2 cm Ingwerwurzel
1 Stange Lauch
1 kleine Zucchini
2 EL Öl
1 Bd. Schnittlauch
100 g Emmentaler oder Schafskäse
2 EL Sojaflocken
2 EL Hefeflocken

Buchweizen mit 500 ml Wasser, Tomatenmark, Brühwürfel, Currypulver, Salz und Pfeffer in einen Topf geben. Das Ganze unter gelegentlichem Rühren aufkochen. Temperatur reduzieren, Deckel auflegen und Buchweizen in 20–25 Minuten ausquellen lassen. Gelegentlich umrühren.

Zwiebel und Knoblauch abziehen und fein würfeln. Ingwer schälen und sehr fein hacken. Lauch putzen, längs halbieren und gründlich waschen. Dann in feine Streifen schneiden. Zucchini waschen und in feine kurze Stifte schneiden.

In einer beschichteten Pfanne wenig Öl erhitzen. Knoblauch, Zwiebel und Ingwer darin andünsten. Lauch und Zucchini zugeben und einige Minuten mitdünsten. In den Buchweizen einrühren.

Schnittlauch waschen, trocken schütteln und in feine Röllchen schneiden. Käse reiben bzw. fein hacken. Schnittlauch, Käse, Soja- und Hefeflocken einrühren und die Masse nochmals abschmecken.

Mit feuchten Händen flache Küchlein formen. In der Pfanne das restliche Öl erhitzen. Buchweizen-Gemüse-Frikadellen darin von beiden Seiten goldbraun braten.

Zubereitungszeit: **30 Min. + 25 Min.** Nährwerte pro Person: **380 kcal, 1590 kJ, 17 g EW, 12 g F, 48 g KH**

Buchweizenfrikadellen mit Gemüse

Kalorien ●●

Zubereitungszeit ⏱⏱⏱

Zubereitung mittel

Vorbereitung kann gut vorbereitet werden

Shrimpsröllchen im Reisblatt

Für 4 Personen:
2 Möhren
100 g Knollensellerie
1 kleine Stange Lauch
Salz
150 g gekochte Shrimps
4 EL Reisessig
6 EL Sesamöl
Zucker
Pfeffer
6 Reisblätter

Möhren und Sellerie schälen und erst in hauchdünne Scheiben, dann in Streifen schneiden. Lauch putzen, waschen, längs halbieren und in ca. 8 cm lange Teile schneiden. Lauchabschnitte längs in sehr dünne Streifen schneiden.

Gemüse 2–3 Minuten in kochendem Salzwasser blanchieren, dann in Eiswasser abschrecken. Abtropfen lassen und trocken tupfen. Mit den Shrimps vermengen und mit Essig sowie Öl marinieren. Mit Zucker, Salz und Pfeffer abschmecken.

Reisblätter halbieren, mit kaltem Wasser anfeuchten und nebeneinander auf einem Küchentuch nach Packungsangabe quellen lassen. Shrimpssalat darauf verteilen. Reisblätter einrollen, anrichten und servieren.

Zubereitungszeit: **35 Min.**

Nährwerte pro Person: **195 kcal, 816 kJ, 9 g EW, 16 g F, 5 g KH**

Shrimpsröllchen im Reisblatt

Kalorien ●

Zubereitungszeit 🕒🕒

Zubereitung mittel

Vorbereitung Zubereitung direkt vor dem Servieren

Avocado-Hähnchen-Wraps

Für 4 Personen:
4 Hähnchenbrustfilets
100 ml Sonnenblumenöl
2 EL Sojasoße
Saft von 1 Zitrone
2 Avocados
2 Tomaten
100 g Mais (Dose)
1/2 Eisbergsalat
1 TL Senf
1 EL Zitronensaft
1 Prise Zucker
1 Knoblauchzehe
50 ml mildes Olivenöl
Salz
Pfeffer
4 Weizentortillas (à 70 g)

Hähnchenbrustfilets waschen und trocken tupfen. Jeweils zwei Mal schräg durchschneiden. Sonnenblumenöl, Sojasoße und Zitronensaft verrühren. Fleisch darin 1 Stunde marinieren.

Avocados schälen, von den Kernen befreien und Fruchtfleisch würfeln. Tomaten waschen, entkernen und ebenfalls würfeln. Mais abtropfen lassen. Vom Eisbergsalat die äußeren Blätter und den Strunk entfernen.

Fleisch aus der Marinade nehmen und abtropfen lassen. In einer Pfanne bei mittlerer Temperatur von jeder Seite 3–4 Minuten braten.

Senf, Zitronensaft und Zucker verrühren, Knoblauch schälen und dazugeben. Das Ganze pürieren und dabei das Olivenöl in einem dünnen Strahl angießen, bis ein gebundenes Dressing entsteht. Salzen, pfeffern und zugedeckt kalt stellen.

Tortillas in einer trockenen Pfanne erwärmen. Auf die Arbeitsfläche legen und jeweils 1–2 Salatblätter darauf verteilen. Avocado- und Tomatenwürfel daraufgeben. Mais und Fleisch dazugeben und Dressing darüberträufeln.

Die Tortillas zu Wraps aufrollen. Nach Wunsch halbieren und mit Zahnstochern feststecken. Auf Tellern anrichten und dann die Avocado-Hähnchen-Wraps sofort servieren.

Zubereitungszeit: **40 Min. + 1 Std.** Nährwerte pro Person: **640 kcal, 2678 kJ, 39 g EW, 34 g F, 44 g KH**

Avocado-Hähnchen-Wraps

Kalorien ●●●

Zubereitungszeit 🕒🕒🕒

Zubereitung mittel

Vorbereitung Zubereitung direkt vor dem Servieren

Omelettpizza mit Tomaten

Für 4 Personen:
12 Eier
3 EL Sahne
Salz
Pfeffer
2 EL Olivenöl
3 große Strauchtomaten
100 ml passierte Tomaten
gerebelter Oregano
60 g Parmesan, frisch gehobelt
Rucola zum Garnieren

Die Eier mit der Sahne verquirlen und das Ganze mit Salz und Pfeffer würzen. Einige Tropfen Olivenöl in einer kleinen Pfanne erhitzen. Nacheinander aus der Eiermasse bei mittlerer Hitze 4 Omeletts braten.

Tomaten waschen, trocken tupfen und in Scheiben schneiden. Omeletts mit den passierten Tomaten bestreichen, mit Oregano bestreuen und mit den Tomatenscheiben belegen. Käse darüber verteilen und mit Rucola garnieren.

TIPP
Servieren Sie die Omelettpizza unbedingt heiß.

Zubereitungszeit: **25 Min.**

Nährwerte pro Person: **420 kcal, 1757 kJ, 29 g EW, 33 g F, 3 g KH**

Omelettpizza mit Tomaten

Kalorien ●●

Zubereitungszeit 🕐🕐

Zubereitung einfach

Vorbereitung Zubereitung direkt vor dem Servieren

Kleine Pizzen mit Gorgonzola

Für 8 Stück:
400 g Mehl
1 Würfel frische Hefe
1 TL Salz
4 EL Olivenöl
150 g kalifornische Walnüsse
4 EL Tomatenmark
getrockneter Thymian, Basilikum und Oregano
schwarzer Pfeffer
250 g Cocktailtomaten
Mehl für die Arbeitsfläche
300 g Gorgonzola
1/4 Bd. Rucola

Mehl in eine Schüssel geben und in die Mitte eine Mulde drücken. Hefe in 200 ml lauwarmem Wasser auflösen und in die Mulde gießen. Mit etwas Mehl vom Rand zu einem Vorteig verrühren. Zugedeckt an einem warmen Ort ca. 15 Minuten gehen lassen.

Salz und 2 EL Öl an den Rand des Teiges geben. Alles mit den Knethaken des Handrührgerätes zu einem glatten Teig verkneten. Danach zugedeckt nochmals ca. 30 Minuten gehen lassen.

Backofen auf 225 Grad vorheizen. Walnüsse grob hacken. Tomatenmark, übriges Olivenöl und die getrockneten Kräuter verrühren. Mit Salz und schwarzem Pfeffer würzen. Cocktailtomaten waschen und in Spalten schneiden.

Teig auf einer mit Mehl bestäubten Arbeitsfläche noch einmal durchkneten. In 8 Portionen teilen. Jedes Teigstück rund ausrollen. Auf zwei mit Backpapier ausgelegte Backbleche legen.

Tomatenmarkpaste auf den Teigstücken verstreichen. Mit Tomatenspalten und den gehackten Walnüssen belegen. Gorgonzola darüberbröseln. Bleche nacheinander in den heißen Backofen schieben und jeweils ca. 15 Minuten backen.

In der Zwischenzeit Rucola kalt waschen, putzen und trocken schleudern. Die fertig gebackenen Pizzen aus dem Ofen nehmen. Mit Rucola belegen und heiß servieren.

Zubereitungszeit: **30 Min. + 45 Min. + 15 Min.** Nährwerte pro Stück: **470 kcal, 1966 kJ, 16 g EW, 27 g F, 40 g KH**

Kleine Pizzen mit Gorgonzola

Kalorien ●●

Zubereitungszeit 🕒🕒🕒

Zubereitung mittel

Vorbereitung kann gut vorbereitet werden

Schnittlauchmuffins

Für 12 Stück:
250 g mehligkochende Kartoffeln
Fett für die Form
1 Knoblauchzehe
1 Bd. Schnittlauch
1 Ei
100 g Käse, gerieben (Gouda oder Emmentaler)
1 EL saure Sahne
100 g Mehl
1/2 TL Backpulver
Muskatnuss, frisch gerieben
Salz
schwarzer Pfeffer

Kartoffeln waschen und in einem Topf mit reichlich Wasser in ca. 20 Minuten gar kochen. Pellen und noch warm durch die Kartoffelpresse drücken.

Papierbackförmchen in eine Muffinform setzen. Den Backofen auf 200 Grad vorheizen. Den Knoblauch abziehen und durch die Knoblauchpresse drücken. Schnittlauch waschen und trocken schütteln. Dann in feine Röllchen schneiden.

Kartoffelmasse mit Knoblauch, Schnittlauch, Ei, 50 g Käse und saurer Sahne in eine Schüssel geben und vermischen. Dann Mehl und Backpulver darübersieben. Das Ganze mit Muskatnuss, Salz sowie schwarzem Pfeffer würzen und gründlich verkneten.

Aus der Masse 12 Teigkugeln formen und diese in die gefettete Muffinform setzen. Den restlichen geriebenen Käse darauf verteilen. Die Muffins 20–25 Minuten im heißen Ofen backen und anschließend nach Wunsch noch warm oder abgekühlt servieren.

TIPP
Diese Schnittlauchmuffins aus Kartoffelteig lassen sich gut als Imbiss für ein Picknick mitnehmen.

Zubereitungszeit: **30 Min. + 45 Min.** Nährwerte pro Stück: **84 kcal, 351 kJ, 4 g EW, 3 g F, 9 g KH**

Schnittlauchmuffins

Kalorien ●

Zubereitungszeit 🕒🕒🕒

Zubereitung einfach

Vorbereitung kann gut vorbereitet werden

Tartelettes mit Rührei und Speck

Für 4 Personen:
4 Scheiben TK-Blätterteig
Mehl für die Arbeitsfläche
Butter für die Formen
6 Eier
50 ml Milch
Salz
Pfeffer
2 EL Butter
120 g Speckwürfel
Schnittlauch zum Garnieren, gehackt

Den Backofen auf 200 Grad vorheizen. Blätterteig auftauen lassen und dann einzeln auf einer bemehlten Fläche in der Größe von 4 kleinen Tarteletteformen rund ausrollen.

Die Formen buttern, mit Teig auskleiden, mit einer Gabel mehrmals leicht einstechen und 25 Minuten backen. Dann aus dem Ofen nehmen und abkühlen lassen.

Eier und Milch verquirlen und mit Salz und Pfeffer würzen. Butter in einer beschichteten Pfanne erhitzen und Speck darin braun anbraten.

Die Eimasse darübergießen und unter gelegentlichem Rühren zu Rühreiern braten. Das Ganze dann auf dem gebackenen Blätterteig verteilen. Mit Schnittlauch garnieren und heiß servieren.

TIPP
Gut passt noch gedünsteter und gehackter Spinat dazu, der zum Schluss unter das Rührei gemengt wird.

Zubereitungszeit: **20 Min. + 25 Min.** Nährwerte pro Person: **311 kcal, 1301 kJ, 19 g EW, 24 g F, 6 g KH**

Tartelettes mit Rührei und Speck

Kalorien ●●

Zubereitungszeit ◷◷◷

Zubereitung einfach

Vorbereitung Zubereitung direkt vor dem Servieren

Hähnchensatés mit Blaubeersoße

Für 4 Personen:
- 1 walnussgroßes Stück Ingwer
- 1 Schalotte
- Öl
- 150 ml Blaubeersaft
- 40 g Crunchy-Erdnusscreme
- 250 g wilde Blaubeeren (Glas; z. B. aus Nordamerika)
- 1 gestr. TL Speisestärke
- Salz
- 2 doppelte Hähnchenbrustfilets
- Pfeffer
- 1/2 TL Chinagewürz

Ingwer und Schalotte schälen und hacken. 1 EL Öl in einer Pfanne erhitzen und beides andünsten. Blaubeersaft und Erdnusscreme einrühren und aufkochen.

Blaubeeren in einem Sieb abtropfen lassen und dann mit in die Pfanne geben. Speisestärke mit wenig kaltem Wasser glatt rühren und dann unter die Beeren mengen. Aufkochen und eindicken lassen. Mit Salz abschmecken.

Für die Satés Hähnchenbrustfilets längs in dünne Streifen schneiden. Mit Salz, Pfeffer und Chinagewürz würzen. Fleisch auf leicht geölte Holzspieße stecken.

1 EL Öl in einer beschichteten Pfanne erhitzen. Die Hähnchenspieße darin von jeder Seite 2–3 Minuten hellbraun braten.

Die Hähnchensatés mit der Blaubeer-Erdnuss-Soße auf Tellern anrichten. Heiß servieren.

Zubereitungszeit: **30 Min.** Nährwerte pro Person: **282 kcal, 1180 kJ, 33 g EW, 10 g F, 12 g KH**

Hähnchensatés mit Blaubeersoße

Kalorien ●●

Zubereitungszeit 🕒🕒

Zubereitung leicht

Vorbereitung Zubereitung direkt vor dem Servieren

Pesto-Cranberry-Muffins mit Salami

Für 12 Stück:
300 g Mehl
2 TL Backpulver
2 Eier
125 ml Olivenöl
250 g Ricotta
50 ml Milch
Salz
Pfeffer
50 g Salamischeiben
125 g getrocknete Cranberrys
50 g Basilikumpesto
50 g Pesto rosso
Basilikumblättchen zum Garnieren

Backofen auf 175 Grad vorheißen. 12 Papierbackförmchen in die Mulden eines Muffinblechs setzen.

Mehl mit Backpulver mischen. Eier mit Olivenöl, Ricotta und Milch verrühren. Mit etwas Salz und Pfeffer würzen. Danach Masse unter das Mehl rühren.

Von der Salami 12 kleine Streifen abschneiden, den Rest würfeln. Salamiwürfel und Cranberrys unter den Teig heben.

Den Teig in 2 Portionen teilen. Unter die eine Hälfte das Basilikumpesto, unter die andere das Pesto rosso rühren.

Teig getrennt in die Förmchen einfüllen und je 1 Salamistreifen daraufsetzen. In den heißen Backofen schieben und 25–30 Minuten backen.

Muffins danach ausdampfen lassen und aus der Form lösen. Nach Belieben mit Basilikumblättchen garnieren.

Zubereitungszeit: **15 Min. + 30 Min.** Nährwerte pro Stück: **330 kcal, 1381 kJ, 7 g EW, 22 g F, 27 g KH**

Pesto-Cranberry-Muffins mit Salami

30

Kalorien ●●

Zubereitungszeit ⏲⏲⏲

Zubereitung einfach

Vorbereitung kann gut vorbereitet werden

Register

27.000

KREATIVE GENUSSMENÜS SELBST KOMBINIERT

compact via ist ein Imprint der Compact Verlag GmbH

Titelabbildungen: StockFood (Rezeptbilder), fotolia.com/Sashkin (Besteck)
Chefredaktion: Evelyn Boos
Redaktion: Isabel Martins
Produktion: Johannes Buchmann
Umschlaggestaltung und Layout: h3a GmbH, München

ISBN 978-3-8174-8850-6
381748850/1

www.compactverlag.de

In diesem praktischen Kochbuch finden Sie je 30 Vorspeisen, Hauptgerichte und Nachspeisen. Ganz nach Geschmack lassen sich so 27.000 individuelle Genussmenüs zaubern.

Die Boxen neben den Rezeptabbildungen erleichtern Ihnen die Zusammenstellung und liefern Ihnen wertvolle Informationen auf einen Blick:

– **Kalorien-Ampelsystem:** Gerichte von leicht bis gehaltvoll

	●	●●	●●●
Vorspeise	bis 250 kcal	bis 500 kcal	über 500 kcal
Hauptgericht	bis 500 kcal	bis 800 kcal	über 800 kcal
Nachspeise	bis 250 kcal	bis 500 kcal	über 500 kcal

Kartoffelpuffer

Für 4 Personen:
1 kg mehligkochende Kartoffeln
1 kleine Zwiebel
3 Eier
5–6 EL Mehl
Salz
Pfeffer aus der Mühle
Muskatnuss
Pflanzenöl zum Braten

Kartoffeln waschen, schälen und grob auf der Küchenreibe raspeln. In ein Küchensieb geben, gut ausdrücken und kurz abtropfen lassen. Dabei die Flüssigkeit auffangen. Kartoffeln in eine Schüssel geben.

Das Kartoffelwasser einige Minuten stehen lassen, bis sich die Stärke abgesetzt hat. Dann das Wasser vorsichtig abgießen und die abgesetzte Stärke mit den geriebenen Kartoffeln vermengen.

Zwiebel abziehen, fein hacken und ebenfalls ausdrücken. Eier, Mehl und Zwiebel unter die Kartoffeln rühren. Das Ganze mit Salz, Pfeffer und frisch geriebener Muskatnuss würzen.

Etwas Öl in einer Pfanne erhitzen. Mit einem Esslöffel kleine Portionen von der Kartoffelmasse abnehmen. Diese in das heiße Fett setzen, flach drücken und auf beiden Seiten goldbraun braten. Bei Bedarf weiteres Öl zugeben.

Kartoffelpuffer warm halten. Übrige Kartoffelmasse genauso ausbacken und danach heiß servieren.

TIPP
Zu den Kartoffelpuffern schmeckt ein Klecks Schmand oder ein Kräuterdip. Und auch als Süßspeise eignet sich dieses Allroundtalent; dann für den Teig Zwiebel und Pfeffer weglassen, dafür leicht zuckern und Apfelmus oder Preiselbeeren dazu reichen.

Zubereitungszeit: **40 Min.**

Nährwerte pro Person: **339 kcal, 1414 kJ, 8 g EW, 12 g F, 47 g KH**

Kartoffelpuffer

Kalorien ●

Zubereitungszeit 🕐🕐

Zubereitung einfach

Vorbereitung Zubereitung direkt vor dem Servieren

Buchweizenpfannkuchen mit Spinat

Für 4 Personen:
- **150 g Buchweizenmehl**
- **100 g Weizenmehl**
- **1/2 Päckchen Trockenhefe**
- **2 Eier**
- **250 g Sahne**
- **125 ml Milch**
- **4 EL Butter**
- **400 g frischer junger Spinat**
- **5 EL Olivenöl**
- **Salz**
- **Pfeffer aus der Mühle**
- **200 g Schafskäse**

Buchweizenmehl und Weizenmehl in eine Schüssel sieben und vermengen. Die Trockenhefe gleichmäßig einstreuen. Eier trennen und Eigelb, Sahne und Milch zufügen. Die Zutaten gründlich miteinander verrühren. Teig ca. 2 Stunden an einem warmen Ort gehen lassen.

Das zuvor getrennte Eiweiß steif schlagen und nach der Ruhezeit unter den Teig heben. Sollte der Teig zu fest sein, noch etwas Milch hinzufügen.

Die Butter in einer Pfanne auf mittlerer Temperatur erhitzen und Teig portionsweise in die Pfanne gießen, dabei dünn verteilen. Mit dem Pfannenmesser wenden und von beiden Seiten goldbraun backen. Anschließend herausnehmen und warm halten. Mit den weiteren Pfannkuchen genauso verfahren.

Den Spinat putzen, gründlich mit kaltem Wasser waschen und in einem Sieb abtropfen lassen. 3 EL Olivenöl in einem großen Topf erhitzen, den Spinat hineingeben und bei mittlerer Hitze zusammenfallen lassen. Aus dem Topf nehmen und leicht auskühlen lassen. Mit 2 EL Olivenöl vermengen und mit Salz sowie frisch gemahlenem Pfeffer würzen.

Schafskäse in kleine Würfel schneiden. Die Pfannkuchen mit den Käsewürfeln und dem Spinat belegen und einrollen. Mit Zahnstochern feststecken und dann möglichst warm servieren.

Zubereitungszeit: **40 Min. + 2 Std.** Nährwerte pro Person: **731 kcal, 3059 kJ, 27 g EW, 46 g F, 52 g KH**

Buchweizenpfannkuchen mit Spinat

Kalorien ●●

Zubereitungszeit 🕐🕐🕐

Zubereitung mittel

Vorbereitung kann gut vorbereitet werden

Eiernudeln mit Gemüse

Für 4 Personen:
je 1 rote und grüne Paprikaschote
1 Stange Sellerie
200 g Räuchertofu
1 Schalotte
2 Knoblauchzehen
1 Stiel Zitronengras
250 g chinesische Eiernudeln
Salz
2 EL Sesamöl
1/2 TL Currypulver
1 TL Wok-Gewürzmischung
4 EL Sojasoße
150 ml Gemüsebrühe
2 EL Limettensaft
1 Bd. Thai-Basilikum

Paprikaschoten und Selleriestange kalt waschen, putzen und in schmale Streifen bzw. Scheibchen schneiden. Räuchertofu mit Küchenpapier trocken tupfen und in Würfel schneiden.

Schalotte und Knoblauch schälen und fein hacken. Zitronengras putzen, waschen und den unteren Teil möglichst fein hacken. Eiernudeln in reichlich gesalzenem Wasser nach Packungsanweisung garen.

Sesamöl im Wok erhitzen. Knoblauch und Schalotten darin andünsten. Dann Paprika, Sellerie und Tofu zugeben und unter Rühren ca. 3 Minuten braten.

Curry darüberstreuen und Zitronengras untermischen. Dann das Ganze mit der Wok-Gewürzmischung würzen. Sojasoße, Gemüsebrühe und Limettensaft dazugeben. Kurz köcheln lassen und anschließend nochmals mit Gewürzen abschmecken.

Die Eiernudeln abgießen und abtropfen lassen. Mit dem Gemüse aus dem Wok vermengen und mit Thai-Basilikum garniert servieren.

TIPP
Zitronengras ist ein schilfartiges Gras mit Zitrusaroma. Frisches Zitronengras lässt sich gut auf Vorrat einfrieren. Es ist aber auch getrocknet in Stücken und gemahlen erhältlich.

Zubereitungszeit: **30 Min.**   Nährwerte pro Person: **264 kcal, 1105 kJ, 15 g EW, 13 g F, 21 g KH**

Eiernudeln mit Gemüse

Kalorien ●

Zubereitungszeit 🕛

Zubereitung einfach

Vorbereitung Zubereitung direkt vor dem Servieren

Kohlrabi mit Getreide-Pilz-Füllung

Für 4 Personen:
- 4 Kohlrabi (à ca. 250 g)
- Salz
- 600 ml Gemüsebrühe
- 250 g grobe Getreideflocken
- 2 Zwiebeln
- 400 g frische Champignons
- 4 EL Olivenöl
- Kräutersalz
- Pfeffer
- Butter für die Form
- 300 g fettarmer Joghurt
- 150 g Magerquark
- 2 TL Zitronensaft
- 2 Knoblauchzehen
- 8 EL gemischte Kräuter, frisch gehackt

Kohlrabiblättchen abschneiden und beiseitelegen. Knollen schälen und in Salzwasser ca. 35 Minuten garen. Aushöhlen, dabei ca. 1 cm Rand und Boden stehen lassen. Fruchtfleisch klein schneiden. Gemüsebrühe aufkochen und Getreideflocken darin einweichen, bis die Flüssigkeit ganz aufgenommen ist.

Zwiebeln schälen und fein würfeln. Pilze putzen und klein schneiden. Öl erhitzen und Zwiebeln darin glasig anschwitzen. Pilze kurz mitbraten, dann bei geringer Hitze ca. 8 Minuten dünsten.

Getreide und Kohlrabifleisch zu den Pilzen geben, dann das Ganze mit Kräutersalz und Pfeffer würzen. Kohlrabiblättchen waschen, klein schneiden und unterheben.

Ofen auf 200 Grad vorheizen. Eine Auflaufform fetten. Getreidemasse in die Kohlrabis füllen und den Rest der Füllung in der Form verteilen. Kohlrabi daraufsetzen. Form in den Ofen stellen und Kohlrabi ca. 10 Minuten überbacken.

Für die Soße Joghurt und Quark verrühren. Mit Zitronensaft, Kräutersalz und Pfeffer würzen. Knoblauch abziehen, fein hacken und mit den frisch gehackten Kräutern unterrühren. Zu den gefüllten Kohlrabi servieren.

Zubereitungszeit: **35 Min. + 45 Min.** Nährwerte pro Person: **448 kcal, 1874 kJ, 18 g EW, 17 g F, 54 g KH**

Kohlrabi mit Getreide-Pilz-Füllung

Kalorien ●

Zubereitungszeit 🕒🕒🕒

Zubereitung mittel

Vorbereitung Zubereitung direkt vor dem Servieren

Spargel mit Nusskartoffeln

Für 4 Personen:
1 kg kleine neue Kartoffeln
Salz
2 Eier
800 g weißer Spargel
7 EL Butter
1 EL brauner Zucker
200 g Sojasahne
2 geh. EL Reismehl
Saft von 1 Orange
1 TL gekörnte Gemüsebrühe
Kräutersalz
Pfeffer
je 2 EL Sonnenblumen- und Kürbiskerne
2 EL gemahlene Haselnüsse
2 EL Petersilie, frisch gehackt

Kartoffeln waschen und in Salzwasser in ca. 25 Minuten gar kochen. Anschließend abgießen und schälen. Eier hart kochen.

Inzwischen Spargel schälen, holzige Enden abschneiden und Stangen waschen. Wasser mit 1 EL Butter und Zucker aufkochen. Spargel darin zugedeckt bei mittlerer Hitze ca. 15 Minuten bissfest garen. Spargelsud abgießen und auffangen.

Sahne mit Reismehl verrühren und aufkochen. Ca. 200 ml Spargelsud und Orangensaft zugießen und aufkochen. Mit Brühe, Kräutersalz und Pfeffer würzen.

Sonnenblumen- und Kürbiskerne fein hacken. Übrige Butter in einem Topf erhitzen, Hitze reduzieren und Kerne, Nüsse, etwas Kräutersalz und Kartoffeln zugeben. Zugedeckt bei mittlerer Hitze rösten.

Eier schälen, fein hacken und mit Petersilie mischen. Spargel und Kartoffeln auf Tellern anrichten, Petersilie-Ei-Mischung über den Spargel streuen. Orangensoße dazu reichen.

TIPP
Heimischer Spargel hat von Ende April bis traditionell zum 24. Juni Saison.

Zubereitungszeit: **45 Min.**   Nährwerte pro Person: **653 kcal, 2732 kJ, 24 g EW, 36 g F, 56 g KH**

Spargel mit Nusskartoffeln

Kalorien ●●

Zubereitungszeit 🕑🕑

Zubereitung mittel

Vorbereitung Zubereitung direkt vor dem Servieren

Gemüse mit Sesam

Für 4 Personen:
2 rote Paprikaschoten
400 g grüne Bohnen
300 g Babymaiskölbchen (Dose)
4 EL Sesamöl
100 g Sojasprossen
2 EL Austernsoße
Sojasoße
1 EL Sesamkörner
Reis als Beilage

Paprikaschoten waschen, halbieren und Kerne sowie weiße Innenhäute entfernen. Das Fruchtfleisch in Streifen schneiden.

Die Bohnenenden abschneiden und Bohnen abfädeln. Anschließend mit kaltem Wasser waschen und in einem Sieb abtropfen lassen.

Babymaiskölbchen in ein Sieb gießen und abtropfen lassen. Längs halbieren bzw. in mundgerechte Stücke schneiden.

Öl im Wok erhitzen, Bohnen und Paprika dazugeben und unter Rühren 6–8 Minuten dünsten. Zum Schluss Mais und Sprossen zufügen und kurz mit erhitzen.

Gemüse mit Austern- und Sojasoße würzen und mit Sesamkörnern bestreuen. Mit Reis anrichten und heiß servieren.

TIPP
Der Sesam wird noch aromatischer, wenn Sie ihn kurz ohne Fett und unter ständigem Schwenken im Wok leicht anrösten.

Zubereitungszeit: **25 Min.**   Nährwerte pro Person: **229 kcal, 958 kJ, 8 g EW, 13 g F, 19 g KH**

Gemüse mit Sesam

Kalorien ●

Zubereitungszeit 🕐

Zubereitung einfach

Vorbereitung Zubereitung direkt vor dem Servieren

Penne mit Tomaten und Oliven

Für 4 Personen:
5 Tomaten
400 g Penne
Salz
2 Knoblauchzehen
5 EL Olivenöl
Pfeffer aus der Mühle
1 Handvoll frische Basilikumblätter
5 EL schwarze Oliven
Parmesan

Tomaten waschen, kreuzweise einritzen und mit kochendem Wasser überbrühen. Häuten, vierteln und entkernen. Nudeln in reichlich Salzwasser bissfest garen. Knoblauch schälen und hacken.

Olivenöl in einer Pfanne erhitzen, Knoblauch darin kurz andünsten. Tomaten und abgetropfte Nudeln hineingeben. Kurz im heißen Öl wenden und vom Herd ziehen.

Mit frisch gemahlenem Pfeffer und frischen Basilikumblättern würzen. Schwarze Oliven dazugeben und alles gut vermengen. Nudeln auf Teller oder Schälchen verteilen.

Parmesan nach Belieben auf der Küchenreibe hobeln oder fein reiben. Die Nudeln damit bestreuen und anschließend sofort heiß servieren.

TIPP
Oliven sind wegen ihres bitteren Geschmacks roh nicht genießbar. Bevor sie in den Handel kommen, werden sie in Wasser eingelegt, um die Bitterstoffe auszuschwemmen, und anschließend eingelegt bzw. mariniert.

Zubereitungszeit: **25 Min.** Nährwerte pro Person: **493 kcal, 2063 kJ, 14 g EW, 16 g F, 73 g KH**

Penne mit Tomaten und Oliven

37

Kalorien ●

Zubereitungszeit ⏱

Zubereitung einfach

Vorbereitung Zubereitung direkt vor dem Servieren

Ratatouille

Für 4 Personen:
400 g Auberginen
400 g Zucchini
je 1 rote und gelbe Paprikaschote
2 Fleischtomaten
1 Zwiebel
1 Knoblauchzehe
3 EL Olivenöl
Salz
Pfeffer
150 ml Gemüsebrühe
1 TL Thymianblättchen
einige Blättchen Basilikum zum Garnieren

Auberginen und Zucchini waschen. Die Stielansätze entfernen und Fruchtfleisch in ca. 1,5 cm große Würfel schneiden.

Paprikaschoten ebenfalls waschen, halbieren, von Kernen sowie weißen Innenhäuten befreien. Das Fruchtfleisch würfeln.

Die Tomaten kurz blanchieren und dann kalt abschrecken. Häuten, vierteln, entkernen und würfeln. Die Zwiebel und den Knoblauch schälen und beides würfeln.

Zwiebel und Knoblauch in Olivenöl andünsten. Restliches Gemüse hinzufügen und mitdünsten. Das Ganze salzen und pfeffern. Mit der Gemüsebrühe ablöschen und Thymian untermischen.

Das Gemüse bei schwacher Hitze unter gelegentlichem Rühren 8–10 Minuten schmoren lassen. Dann nochmals mit Salz und Pfeffer abschmecken. Ratatouille auf vorgewärmten Tellern anrichten und mit Basilikum garniert servieren.

TIPP
Zum Verfeinern des Ratatouilles eignen sich hervorragend schwarze Oliven ohne Stein.

Zubereitungszeit: **35 Min.** Nährwerte pro Person: **524 kcal, 2192 kJ, 17 g EW, 34 g F, 36 g KH**

Ratatouille

Kalorien ●●

Zubereitungszeit 🕒🕒

Zubereitung einfach

Vorbereitung Zubereitung direkt vor dem Servieren

Tortelliniauflauf mit Zucchini

Für 4 Personen:
600 g frische Tortellini (Kühlregal)
Salz
2 kleine Zucchini
75 g Butter
200 g Sahne
8 EL Parmesan, frisch gerieben
Pfeffer aus der Mühle
Muskatnuss, frisch gerieben
etwas altbackenes Weißbrot

Tortellini in reichlich Salzwasser nach Packungsangabe bissfest garen. Anschließend abgießen und abtropfen lassen. Zucchini waschen, trocken reiben und grob raspeln. Den Backofen auf 200 Grad vorheizen.

Butter in einen Topf geben und bei mittlerer Hitze schmelzen. Sahne hinzufügen und bei kleinster Hitze 2–3 Minuten einkochen. 3 EL Parmesan dazugeben und mit Salz, frisch gemahlenem Pfeffer und Muskatnuss würzen.

Tortellini mit Sahnesoße und Zucchini gut vermengen. Auf 4 Auflaufförmchen verteilen. Altbackenes Brot zerbröseln und mit dem übrigen Parmesan über die Tortellini streuen.

Tortelliniauflauf in den heißen Ofen schieben. 15–20 Minuten im Backofen gratinieren, bis die Brösel sich goldbraun verfärben. Anschließend kurz ausdampfen lassen und dann heiß servieren.

TIPP
Auch gut: Mischen Sie unter die geraspelte Zucchini noch 2 geraspelte Möhren. Und wenn Sie kein altbackenes Weißbrot vorrätig haben, können Sie auch Paniermehl verwenden.

Zubereitungszeit: **15 Min. + 20 Min.** Nährwerte pro Person: **535 kcal, 2238 kJ, 15 g EW, 40 g F, 29 g KH**

Tortelliniauflauf mit Zucchini

39

Kalorien ●●

Zubereitungszeit 🕓🕓

Zubereitung einfach

Vorbereitung Zubereitung direkt vor dem Servieren

Möhren-Erbsen-Auflauf

Für 4 Personen:
1 kg Möhren
200 g Kohlrabi
300 g Erbsen
6 Eier
500 ml Milch
Pfeffer
Salz
75 g gemischte Kräuter, frisch gehackt
100 g Parmesan

Möhren schälen und in ca. 5 mm dicke Scheiben schneiden. Kohlrabi ebenfalls schälen und würfeln. Beides in einem Topf über Wasserdampf ca. 15 Minuten dämpfen. Den Backofen auf 180 Grad vorheizen.

Erbsen waschen und in einem Küchensieb abtropfen lassen. Dann mit dem gedämpften Gemüse vermengen und in eine feuerfeste Form geben.

Eier mit Milch, Pfeffer, Salz und gehackten Kräutern verquirlen. Dann das Ganze über das Gemüse gießen. Den Parmesan reiben und darüberstreuen. Gemüseauflauf im heißen Backofen 10–15 Minuten überbacken.

TIPP
Wer mag, gibt noch vorgegarte und in Würfel geschnittene Kartoffeln zum Möhren-Erbsen-Auflauf.

Zubereitungszeit: **25 Min. + 30 Min.** Nährwerte pro Person: **461 kcal, 1929 kJ, 33 g EW, 24 g F, 26 g KH**

Möhren-Erbsen-Auflauf

Kalorien ●

Zubereitungszeit ⏱⏱

Zubereitung einfach

Vorbereitung Zubereitung direkt vor dem Servieren

Kartoffel-Pilz-Auflauf

Für 4 Personen:
1 kg Kartoffeln
2 Eier
250 ml Milch
125 g Sahne
Salz, Pfeffer
Muskatnuss, frisch gerieben
400 g gemischte Pilze
1 Zwiebel
3 Stängel Petersilie
3 Stängel Majoran
1 Knoblauchzehe
2 EL Butter
75 ml Gemüsebrühe
Butter für die Form
3 EL Gruyère oder Emmentaler, frisch gerieben
20 g Butter in Flocken

Kartoffeln waschen und in der Schale in reichlich Wasser ca. 20 Minuten garen. Dann abgießen und etwas abkühlen lassen. Schälen und sofort durch die Kartoffelpresse drücken.

Eier trennen. Kartoffeln mit Milch, Sahne und Eigelb mischen. Eiweiß steif schlagen und unterziehen. Mit Salz, Pfeffer und Muskat würzen. Ofen auf 220 Grad vorheizen. Pilze säubern. Große Exemplare längs halbieren. Zwiebel abziehen und hacken. Petersilie und Majoran hacken. Knoblauch abziehen und pressen.

Butter erhitzen und Zwiebel andünsten. Pilze, die Hälfte der Kräuter und Knoblauch zugeben. Bei starker Hitze dünsten, bis die Pilze keine Flüssigkeit mehr abgeben. Das Ganze mit der Hälfte der Brühe ablöschen und etwas verdampfen lassen. Übrige Brühe zugeben und weiterköcheln, bis die Pilze knapp gar sind. Restliche Kräuter zugeben und salzen und pfeffern.

Eine Auflaufform mit Butter ausstreichen. Die Hälfte der Kartoffelmasse einfüllen und glatt streichen. Dann das Pilzragout darauf verteilen. Mit übriger Kartoffelmasse bedecken.

Käse über die Kartoffeln streuen und Butterflocken darauf verteilen. Den Auflauf im heißen Ofen auf der mittleren Schiene ca. 20 Minuten goldgelb überbacken. Vor dem Servieren kurz ausdampfen lassen.

Zubereitungszeit: **40 Min. + 40 Min.** Nährwerte pro Person: **455 kcal, 1904 kJ, 13 g EW, 26 g F, 37 g KH**

Kartoffel-Pilz-Auflauf

Kalorien ●

Zubereitungszeit ◷◷◷

Zubereitung einfach

Vorbereitung kann gut vorbereitet werden

Auberginen-Tomaten-Auflauf

Für 4 Personen:
2 große Auberginen
Salz
6 Tomaten
3 EL Olivenöl
1 Knoblauchzehe
350 g Sahne
2 EL Crème fraîche
2 Eier
je 50 g Parmesan und Gruyère, frisch gerieben
Pfeffer

Die Auberginen waschen, Enden abschneiden und das Fruchtfleisch in nicht zu dünne Scheiben schneiden. Scheiben mit Salz bestreuen und ca. 20 Minuten Wasser ziehen lassen.

Inzwischen Backofen auf 180 Grad vorheizen. Tomaten waschen, Stielansätze herausschneiden und Tomaten in Scheiben schneiden. Auberginen abspülen und trocken tupfen.

Öl erhitzen und die Auberginenscheiben portionsweise von beiden Seiten goldbraun anbraten. Auberginen und Tomaten abwechselnd dachziegelartig in eine Gratinform schichten.

Knoblauchzehe schälen und fein hacken. Mit Sahne, Crème fraîche, Eiern und Parmesan glatt rühren und mit Salz und Pfeffer würzen. Über das Gemüse gießen und mit Gruyère bestreuen.

Auflauf in den Ofen schieben. Das Ganze ca. 30 Minuten überbacken und dann heiß servieren.

TIPP

Herzhafter wird der Auflauf, wenn Sie zusätzlich Hackfleisch verwenden. Dafür 500 g gemischtes Hack krümelig anbraten und mit Gewürzen sowie Tomatenmark abschmecken. In die Gratinform geben und Gemüse darüber einschichten.

Zubereitungszeit: **30 Min. + 30 Min.** Nährwerte pro Person: **501 kcal, 2096 kJ, 17 g EW, 44 g F, 10 g KH**

Auberginen-Tomaten-Auflauf

Kalorien ●●

Zubereitungszeit 🕐🕐

Zubereitung einfach

Vorbereitung kann gut vorbereitet werden

Tomaten-Fisch-Auflauf mit Püree

Für 4 Personen:
600 g frisches Seehechtfilet (alternativ TK-Hokifilet)
500 g Cocktailtomaten oder kleine Tomaten
1 Bd. Frühlingszwiebeln
1 Zitrone
Salz, Pfeffer
150 g Käse zum Überbacken, gerieben (z. B. Gouda)
600 g Kartoffeln
300 g TK-Erbsen
150 ml Milch
20 g Butter
Muskatnuss, frisch gerieben

Fischfilet waschen, trocken tupfen und in 4 Portionsstücke schneiden. Wird tiefgefrorenes Hokifilet verwendet, dieses vorher über Nacht im Kühlschrank auftauen lassen.

Backofen auf 200 Grad vorheizen. Tomaten waschen, halbieren und die Stielansätze keilförmig herausschneiden. Die Tomaten in Scheiben schneiden. Die Frühlingszwiebeln putzen, waschen und in Streifen schneiden.

Zitrone halbieren und auspressen. Fischfiletstücke in eine Auflaufform geben. Mit dem Zitronensaft beträufeln und mit Salz sowie mit Pfeffer würzen. Tomaten, Frühlingszwiebeln und geriebenen Käse darüber verteilen.

Kartoffeln waschen und schälen. Fischfilet in den heißen Backofen schieben und auf der mittleren Schiene ca. 25 Minuten backen. Inzwischen Kartoffeln in leicht gesalzenem Wasser ca. 15 Minuten kochen.

Erbsen zugeben und 5 Minuten weitergaren. Danach abgießen.

Milch und Butter erhitzen. Abgetropfte Kartoffeln und Erbsen zerstampfen. Die heiße Milch zufügen und unterrühren. Das Kartoffel-Erbsen-Püree mit Salz, Pfeffer und Muskatnuss abschmecken.

Tomaten-Fisch-Auflauf aus dem Ofen nehmen und kurz ausdampfen lassen. Dann noch heiß mit dem Püree servieren.

Zubereitungszeit: **30 Min. + 25 Min.** Nährwerte pro Person: **554 kcal, 2318 kJ, 47 g EW, 21 g F, 42 g KH**

Tomaten-Fisch-Auflauf mit Püree

Kalorien ●●

Zubereitungszeit 🕒🕒

Zubereitung einfach

Vorbereitung Zubereitung direkt vor dem Servieren

Fischstäbchen selbst gemacht

Für 4 Personen:
4 Fischfilets (à ca. 150 g, z. B. Seelachs, Pangasius)
4 EL Zitronensaft
2 EL Mehl
2 Eier
5 EL Paniermehl
2 EL Cornflakes
Salz, Pfeffer
Butterschmalz zum Ausbacken

Fischfilets abbrausen und trocken tupfen. Jeweils in 3–4 gleich große Stücke teilen. Fisch mit Zitronensaft beträufeln und etwas ziehen lassen.

In der Zwischenzeit Mehl, Eier und Paniermehl jeweils in einen Teller geben. Eier mit einer Gabel verquirlen. Cornflakes zerbröseln und unter das Paniermehl mischen. Fisch rundum mit Salz und Pfeffer würzen. Leicht in Mehl wenden, durch das verquirlte Ei ziehen und im Paniermehl fertig panieren. Die Panade andrücken.

So viel Butterschmalz in einer Pfanne erhitzen, dass die Fischstücke etwas „schwimmen" können. Fischstäbchen portionsweise hineingeben und von allen Seiten in ca. 7 Minuten goldbraun ausbacken. Herausnehmen und warm halten. Anschließend heiß servieren.

TIPP

Reichen Sie zu den Fischstäbchen einen Salat und Remouladensoße. Dafür jeweils 750 g Mayonnaise und Joghurt mit 1 EL Senf glatt rühren. 2 Sardellenfilets, 2 Gewürzgurken, 1 EL Kapern und 2 hart gekochte Eigelb hacken und untermengen. 1/2 Bd. gemischte Kräuter hacken und ebenfalls in die Joghurtmayonnaise rühren. Mit Salz, Pfeffer und nach Geschmack mit etwas Essig abschmecken.

Zubereitungszeit: **20 Min.** Nährwerte pro Person: **300 kcal, 1255 kJ, 32 g EW, 14 g F, 11 g KH**

Fischstäbchen selbst gemacht

Kalorien ●

Zubereitungszeit ◷

Zubereitung einfach

Vorbereitung Zubereitung direkt vor dem Servieren

Kräuterfladen mit Heilbutt

Für 10 Stück:
1 Päckchen Trockenhefe
1/2 TL Zucker
250 ml Milch, lauwarm
500 g Mehl (Type 1050)
je 1 1/2 EL Petersilie, Basilikum, Thymian, Oregano, frisch gehackt
Salz
1 Ei
Mehl für die Arbeitsfläche
Fett für die Bleche
2 große Fleischtomaten
Pfeffer
200 g Romanasalat
3 Frühlingszwiebeln
200 g geräucherter Heilbutt
2 EL weißer Balsamico-Essig
1 EL Zitronensaft
1 EL Olivenöl

Hefe und Zucker in 125 ml Milch glatt rühren, 10 Minuten ruhen lassen. Mehl, Kräuter und 1 TL Salz mischen. Hefe und übrige Milch dazugeben und das Ganze verrühren.

Ei zur Hefe geben und alles zu einem Teig kneten, bis er Blasen bildet. Dann auf einer bemehlten Fläche 5 Minuten kneten. Zugedeckt 1 Stunde ruhen lassen.

Teig nochmals durchkneten und dann zu 10 Fladen ausrollen. Fladen auf 2 gefettete Backbleche legen und mehrmals mit einer Gabel einstechen. Zugedeckt weitere 10 Minuten gehen lassen.

Backofen auf 220 Grad vorheizen. Tomaten überbrühen, häuten und würfeln. Auf den Fladen verteilen und mit Salz und Pfeffer würzen. Im Ofen ca. 15 Minuten backen.

Salat und Frühlingszwiebeln waschen, putzen und klein schneiden. Fisch fein zerteilen, dabei Gräten entfernen.

Fladen aus dem Ofen nehmen und etwas abkühlen lassen. Salat, Frühlingszwiebeln und Fisch darauf verteilen. Balsamico-Essig, Zitronensaft und Olivenöl verrühren und über die Fladen träufeln. Lauwarm servieren.

Zubereitungszeit: **40 Min. + 8 Min. + 15 Min.** Nährwerte pro Stück: **238 kcal, 996 kJ, 12 g EW, 4 g F, 39 g KH**

Kräuterfladen mit Heilbutt

Kalorien ●

Zubereitungszeit ◷◷◷

Zubereitung mittel

Vorbereitung kann gut vorbereitet werden

Tintenfischringe mit Kerbelsoße

Für 4 Personen:
80 g Sahne
100 g Naturjoghurt
Zitronensaft
Salz, weißer Pfeffer
1/2 Zwiebel
40 g frischer Kerbel
100 g Mehl
bunte Pfefferkörner
600 g küchenfertige Tintenfischtuben
Pflanzenöl
1 Handvoll Rucola
Balsamico-Essig
4 Limettenscheiben

Für die Kerbelsoße Sahne mit Joghurt, etwas Zitronensaft, Salz und weißem Pfeffer glatt rühren. Die Zwiebel schälen und sehr fein würfeln. Kerbel abbrausen, trocken schütteln und fein hacken. Beides unter die Joghurtsoße rühren. Kerbelsoße bis zum Servieren kühl stellen.

Für die Tintenfischringe zuerst den Ausbackteig vorbereiten. 300 ml kaltes Wasser in eine Rührschüssel geben. 1 Prise Salz mit dem Mehl vermengen und unter ständigem Rühren in das Wasser sieben. So lange rühren, bis der Teig glatt ist. Bunte Pfefferkörner im Mörser grob zerstoßen und unter den Teig mengen.

Tintenfischtuben abbrausen und in Ringe schneiden; falls noch Fangarme an den Tuben sind, diese abtrennen. Tintenfisch gut trocken tupfen.

Reichlich Öl in einer Fritteuse oder in einem großen Topf auf ca. 180 Grad erhitzen. Die Tintenfischringe portionsweise im Teig wenden und in das heiße Fett geben. In 2–3 Minuten goldbraun frittieren. Tintenfischringe mit einer Schaumkelle aus dem heißen Fett heben. Auf Küchenpapier entfetten lassen und warm stellen, bis alles ausgebacken ist.

Rucola verlesen, waschen, trocken schleudern und auf 4 Teller verteilen. Mit Salz, Pfeffer und ein paar Tropfen Essig würzen. Jeweils 1 Limettenscheibe dazugeben und die Kerbelsoße daraufgeben. Die heißen Tintenfischringe auf den Tellern anrichten und sofort servieren.

Zubereitungszeit: **30 Min.**
Nährwerte pro Person: **512 kcal, 2142 kJ, 28 g EW, 34 g F, 24 g KH**

Tintenfischringe mit Kerbelsoße

Kalorien ●●

Zubereitungszeit 🕐

Zubereitung einfach

Vorbereitung Zubereitung direkt vor dem Servieren

Fischragout mit Gurke und Cranberrys

Für 4 Personen:
150 g Salatgurke
600 g Lengfischfilet
40 g getrocknete Cranberrys
1 EL Öl
200 ml Hühnerbrühe
200 g Sahne
3 EL heller Soßenbinder
2–4 TL Zitronensaft
Salz
Pfeffer
1 kleines Bd. Dill

Gurke waschen und schälen. Gurke längs halbieren und in Scheiben schneiden. Lengfischfilet kalt abbrausen, trocken tupfen und in Stücke schneiden. Cranberrys hacken.

Öl in einer beschichteten Pfanne erhitzen. Lengfisch darin hell anbraten, dann wieder aus der Pfanne nehmen. Den Bratensatz mit Hühnerbrühe ablöschen und Sahne angießen. Das Ganze 2–3 Minuten köcheln lassen.

Soßenbinder in den Sud streuen und die Soße unter Rühren ca. 1 Minute kochen lassen. Dann das Ganze mit Zitronensaft, Salz und Pfeffer abschmecken.

Angebratene Fischfilets, Gurkenscheiben und gehackte Cranberrys in die Soße geben. Die Fischfilets darin ca. 4 Minuten bei schwacher Hitze gar ziehen lassen.

In der Zwischenzeit Dill kalt abbrausen, trocken schütteln und hacken. Die Soße nochmals abschmecken und den Dill einrühren. Fischragout in tiefen Tellern anrichten und dann heiß servieren.

TIPP
Zu diesem Fischragout passen als Beilage Reis und Salzkartoffeln besonders gut.

Zubereitungszeit: **20 Min.**

Nährwerte pro Person: **280 kcal, 1172 kJ, 30 g EW, 10 g F, 17 g KH**

Fischragout mit Gurke und Cranberrys

Kalorien ●

Zubereitungszeit 🕒

Zubereitung einfach

Vorbereitung Zubereitung direkt vor dem Servieren

Panierte Forellenfilets mit Trauben

Für 4 Personen:
400 g dunkle Trauben
4 EL Kerbel, frisch gehackt
100 g gemahlene Mandeln
Salz
Pfeffer aus der Mühle
2 Eiweiß
8 Forellenfilets (à ca. 80 g)
60 g Butter
6 EL Traubensaft
8 Salbeiblättchen
Salbeiblättchen zum Garnieren

Trauben waschen, entstielen, halbieren und bei Bedarf entkernen. Kerbel, Mandeln, etwas Salz und Pfeffer mischen. Mischung auf einem flachen Teller ausbreiten. Backofen auf 75 Grad vorheizen. Eiweiß in einem Teller mit 1 EL Wasser verquirlen.

Forellenfilets trocken tupfen, rundherum zuerst im Eiweiß und dann in der Mandelmischung wenden. Die Panade fest andrücken.

40 g Butter in einer Pfanne erhitzen. Die Filets beidseitig in 5–6 Minuten goldbraun braten, dann im vorgeheizten Ofen warm stellen.

Trauben in der restlichen Butter bei mittlerer Hitze 1 Minute dünsten. Traubensaft hinzufügen, aufkochen lassen, alles mit Salz und Pfeffer abschmecken. Salbeiblättchen waschen, trocken tupfen, in Streifen schneiden und unter die Traubensoße mischen.

Den Fisch mit den Trauben auf Tellern anrichten und mit Salbeiblättchen garniert servieren.

TIPP
Statt der Mandelmischung kann für eine Fischpanade natürlich einfach Paniermehl verwendet werden – entweder pur oder mit geriebenem Käse, Kräutern oder ganz exotisch mit Kokosflocken vermischt.

Zubereitungszeit: **25 Min.**

Nährwerte pro Person: **526 kcal, 2201 kJ, 49 g EW, 29 g F, 19 g KH**

Panierte Forellenfilets mit Trauben

Kalorien ●●

Zubereitungszeit 🕒

Zubereitung einfach

Vorbereitung Zubereitung direkt vor dem Servieren

49 Kräuterseelachs in Pergament

Für 4 Personen:
je 1 rote, gelbe und orange Paprikaschote
2 rote Zwiebeln
7 EL Olivenöl
Salz
Pfeffer aus der Mühle
1 Bd. glatte Petersilie
1 Bd. Basilikum
1 Knoblauchzehe
50 g gehackte Mandeln
4 Seelachsfilets (à ca. 125 g)

Backofen auf 180 Grad vorheizen. Paprikaschoten putzen, waschen und in Streifen schneiden. Zwiebeln schälen und in Spalten schneiden. 2 EL Olivenöl in einer Pfanne erhitzen und Zwiebelspalten darin andünsten.

Paprikastreifen zu den Zwiebeln geben. Das Ganze weitere 3 Minuten dünsten. Anschließend mit Salz und frisch gemahlenem Pfeffer würzen.

Petersilie und Basilikum abbrausen, trocken schütteln und Blättchen abzupfen. Knoblauch abziehen und fein hacken. Mandeln in einer Pfanne goldbraun rösten. Mandeln, Knoblauch und Kräuter mit restlichem Olivenöl pürieren. Mit Salz und mit Pfeffer abschmecken.

Seelachsfilets waschen, trocken tupfen und Kräuterpaste daraufstreichen. Das Gemüse auf 4 große Pergamentpapierstücke verteilen und den Fisch obenauf setzen.

Pergamentstücke gut verschließen. Päckchen auf ein Backblech setzen und im heißen Ofen ca. 15 Minuten garen. Den Fisch heiß servieren.

TIPP
Zu diesem Fischgericht schmecken kleine Röstkartoffeln.

Zubereitungszeit: **30 Min. + 15 Min.** Nährwerte pro Person: **359 kcal, 1502 kJ, 27 g EW, 25 g F, 5 g KH**

Kräuterseelachs in Pergament

Kalorien ●

Zubereitungszeit 🕒🕒

Zubereitung einfach

Vorbereitung Zubereitung direkt vor dem Servieren

Spaghetti mit Fleischklößchen

Für 4 Personen:

Für die Klößchen:
1 Scheibe Toastbrot
1 kleine Zwiebel
6 Stängel Petersilie
80 ml Milch
750 g Hackfleisch
1 Ei
Muskatnuss
Salz, Pfeffer

Für die Soße:
1 Zwiebel
1 Knoblauchzehe
1 Möhre
1 Stange Sellerie
2 EL Olivenöl
800 g geschälte Tomaten (Dose)
Salz, Zucker
1 Bd. Basilikum
Pfeffer

Außerdem:
500 g Spaghetti
30 g Parmesan

Für die Fleischklößchen Ofen auf 185 Grad vorheizen. Toastbrot entrinden. Zwiebel schälen und hacken. Petersilie hacken.

Brot mit Milch in einer Schüssel mit einer Gabel zerkleinern. Fleisch mit Zwiebel, Petersilie und Ei zugeben. Mit frisch geriebener Muskatnuss, Salz und Pfeffer würzen und gut durchkneten. Aus dem Fleischteig ca. 3 cm große Klößchen formen. Backpapier auf ein Backblech legen und die Klößchen darauflegen. Im heißen Ofen ca. 30 Minuten backen, bis sie hellbraun und gar sind.

Für die Soße Zwiebel schälen und klein würfeln. Den Knoblauch schälen und hacken. Möhre schälen und würfeln. Sellerie putzen, waschen und in kleine Würfel schneiden. Olivenöl in einer Pfanne erhitzen. Vorbereitete Zutaten darin anschwitzen. Tomaten zugeben und das Ganze mit Salz und Zucker würzen. Köcheln lassen, bis die Soße dicklich wird.

Spaghetti nach Packungsangabe garen, dann abgießen. Basilikum hacken und zur Soße geben. Soße salzen und pfeffern. Fleischklößchen hineinsetzen und alles nochmal köcheln lassen. Spaghetti mit Soße und Fleischklößchen anrichten. Mit frisch geriebenem Parmesan bestreut servieren.

Zubereitungszeit: **50 Min.** Nährwerte pro Person: **939 kcal, 3929 kJ, 60 g EW, 40 g F, 97 g KH**

Spaghetti mit Fleischklößchen

50

Kalorien ●●●

Zubereitungszeit 🕒🕒

Zubereitung einfach

Vorbereitung kann gut vorbereitet werden

Überbackene Schweineschnitzel

Für 4 Personen:
4 Schweineschnitzel (à ca. 120 g)
Salz
Pfeffer aus der Mühle
3 EL Öl
500 g rote und grüne Paprikaschoten
2 Zwiebeln
1 Knoblauchzehe
80 g Walnüsse
Paprikapulver edelsüß
4 Zweige Thymian
3 Portionen Kartoffelpüree (instant oder selbst gemacht)
40 g Gouda, frisch gerieben

Schweineschnitzel mit Salz und Pfeffer würzen. 1 EL Öl in einer großen beschichteten Pfanne erhitzen. Fleisch von beiden Seiten kurz anbraten. Eine Auflaufform mit 1 EL Öl ausstreichen und Schweineschnitzel hineinlegen.

Backofen auf 200 Grad vorheizen. Die Paprikaschoten vierteln, putzen, waschen und in Streifen schneiden. Zwiebeln und Knoblauch schälen, Zwiebeln in Ringe schneiden. Walnüsse hacken.

Das übrige Öl in die Pfanne geben und erhitzen. Zwiebeln und Paprika darin 1 Minute andünsten. Knoblauch dazupressen und die Hälfte der Walnüsse dazugeben. Mit Salz, frisch gemahlenem Pfeffer und Paprikapulver würzen.

Thymian abbrausen, trocken schütteln und Blättchen von den Zweigen streifen. Paprikagemüse mit etwas Thymian würzen und anschließend auf den Schnitzeln verteilen.

Das Kartoffelpüree zubereiten. Restliche Walnüsse und übrigen Thymian unterrühren. Kartoffelpüree auf dem Paprikagemüse verteilen und vorsichtig glatt streichen. Den geriebenen Gouda gleichmäßig darüberstreuen.

Das Ganze in den heißen Backofen schieben und auf der mittleren Schiene ca. 20 Minuten überbacken. Danach die überbackenen Schweineschnitzel heiß servieren.

Zubereitungszeit: **45 Min. + 20 Min.** Nährwerte pro Person: **377 kcal, 1577 kJ, 40 g EW, 17 g F, 16 g KH**

Überbacken Schweineschnitzel

Kalorien ●

Zubereitungszeit 🕐🕐🕐

Zubereitung einfach

Vorbereitung Zubereitung direkt vor dem Servieren

Gefüllte Paprikaschoten

Für 4 Personen:
100 g Reis
Salz
8 Paprikaschoten
1 Bd. Frühlingszwiebeln
2 Knoblauchzehen
1 Chilischote
500 g Hackfleisch
1 TL scharfer Senf
1 EL Ketchup
2 Eier
Paniermehl
Pfeffer

Reis nach Packungsanweisung in leicht gesalzenem Wasser gar kochen. Dann etwas abkühlen lassen. Inzwischen Paprikaschoten waschen. Jeweils oben einen Deckel abschneiden und die weißen Innenhäute sowie Kerne entfernen. Frühlingszwiebeln waschen, putzen und in Ringe schneiden.

Backofen auf 200 Grad vorheizen. Knoblauch schälen und hacken. Chilischote waschen, längs halbieren, entkernen und Schote fein hacken. Hackfleisch in eine Schüssel geben. Dann mit Reis, Senf, Ketchup, Frühlingszwiebeln, Knoblauch, Chili und Eiern zu einer homogenen Masse verkneten. Dabei nur so viel Paniermehl zugeben, dass ein gut formbarer Teig entsteht. Mit Salz und Pfeffer würzen.

Paprikaschoten in eine Auflaufform geben und mit der Hackfleischmasse füllen. Die Deckel wieder aufsetzen und die Schoten 30–40 Minuten backen. Danach heiß servieren.

TIPP
Noch saftiger werden die Schoten, wenn sie in einer Tomatensoße gegart werden. Dafür 1 kg reife Tomaten grob würfeln. 1 Zwiebel und 1 Knoblauchzehe schälen und hacken. In Olivenöl andünsten. Kurz Tomaten zugeben, mit Salz, Pfeffer, Zucker und Thymian würzen. In eine ofenfeste Form geben, Paprika daraufsetzen und im Ofen garen.

Zubereitungszeit: **35 Min. + 40 Min.** Nährwerte pro Person: **494 kcal, 2067 kJ, 32 g EW, 26 g F, 32 g KH**

Gefüllte Paprikaschoten

Kalorien ●

Zubereitungszeit 🕒🕒🕒

Zubereitung einfach

Vorbereitung kann gut vorbereitet werden

Szegediner Gulasch

Für 4 Personen:
500 g Schweineschulter oder Schweinehals
2 große Zwiebeln
2 Knoblauchzehen
2 Zweige Thymian
Butterschmalz zum Braten
2 EL Paprikapulver edelsüß
2 TL Tomatenmark
300 g Sauerkraut (Dose)
1 Lorbeerblatt
1 TL Salz
Kümmel nach Belieben
750 ml Gemüse- oder Fleischbrühe, heiß
Pfeffer aus der Mühle
125 g saure Sahne

Fleisch kalt abbrausen und trocken tupfen. Dann in ca. 3 cm x 3 cm große Würfel schneiden. Zwiebeln schälen und in Ringe oder Streifen schneiden. Knoblauchzehen abziehen und fein schneiden. Thymian abbrausen, trocken schütteln und Blättchen grob hacken.

Butterschmalz in einem großen Topf erhitzen. Fleisch hineingeben und im heißen Fett rundum scharf anbraten. Danach das Fleisch herausnehmen. Zwiebeln mit Knoblauch im verbliebenen Bratfett andünsten und dann das Fleisch wieder zugeben. Paprikapulver und Tomatenmark zugeben und das Ganze gut umrühren.

Sauerkraut abgießen, abtropfen lassen und zerpflücken. Mit Lorbeerblatt, Salz, Thymian und Kümmel zum Fleisch geben. Dann das Ganze mit der heißen Brühe auffüllen. Deckel auflegen und zugedeckt bei milder Hitze ca. 90 Minuten schmoren lassen. Dabei bei Bedarf etwas Brühe nachgießen.

Nach Garzeitende das Gulasch mit frisch gemahlenem Pfeffer abschmecken und bei Bedarf nachsalzen. Das Gulasch in eine Terrine oder in 4 tiefe Teller geben und mit einem großzügigen Klecks saurer Sahne garnieren. Heiß servieren.

Zubereitungszeit: **30 Min. + 90 Min.** Nährwerte pro Person: **303 kcal, 1268 kJ, 30 g EW, 18 g F, 6 g KH**

Szegediner Gulasch

Kalorien ●

Zubereitungszeit 🕓🕓🕓

Zubereitung einfach

Vorbereitung kann gut vorbereitet werden

Chickennuggets mit Gemüse

Für 4 Personen:
1 1/2 l Sonnenblumenöl
750 g große festkochende Kartoffeln
400 g grüne Bohnen
400 g Mais
Salz
2 EL Butter
Pfeffer aus der Mühle
600 g Hähnchenbrüste
2–3 EL Mehl
2 Eier
80 g Paniermehl zum Wenden

Öl in der Fritteuse auf 170 Grad erhitzen; alternativ in einem großen Topf heiß werden lassen. Das Fett ist heiß genug, wenn an einem Holzlöffelstiel, der ins Öl getaucht wird, Bläschen aufsteigen.

Die Kartoffeln schälen, kalt waschen, dann in Stifte schneiden und gut trocken tupfen. Portionsweise in das heiße Fett geben und ca. 5 Minuten frittieren, bis sie weich sind, aber noch keine Farbe genommen haben. Herausnehmen und gründlich entfetten lassen. Das Öl warm halten.

Bohnen waschen und putzen. Mais und Bohnen jeweils kurz in Salzwasser blanchieren. Abgießen, eiskalt abschrecken und gründlich abtropfen lassen. Butter in einer Pfanne erhitzen und beides getrennt darin schwenken. Zum Schluss salzen und nach Wunsch mit Pfeffer übermahlen. Warm halten.

Hähnchenbrüste waschen, trocken tupfen und in mundgerechte Stücke schneiden. Salzen, pfeffern und mit Mehl bestäuben. Die Eier verquirlen. Paniermehl in einen tiefen Teller geben. Geflügelstücke einzeln durch die Eier ziehen und im Paniermehl wenden, dabei Paniermehl gut andrücken. Im heißen Öl 3–4 Minuten goldbraun frittieren und auf Küchenpapier entfetten lassen.

Pommes im heißen Öl nochmals portionsweise in ca. 2 Minuten knusprig und goldbraun werden lassen. Herausheben, gut entfetten lassen und salzen. Chickennuggets mit Gemüse und Pommes auf Tellern anrichten. Heiß servieren.

Zubereitungszeit: **40 Min.** Nährwerte pro Person: **999 kcal, 4180 kJ, 49 g EW, 41 g F, 107 g KH**

Chickennuggets mit Gemüse

Kalorien ●●●

Zubereitungszeit 🕓🕓

Zubereitung mittel

Vorbereitung Zubereitung direkt vor dem Servieren

Burger mit Mango

Für 4 Personen:
600 g Rinderhackfleisch
4 EL Paniermehl
2 Eier
Salz
Pfeffer
Olivenöl
1 kleiner Radicchio
1 reife Mango
6 Frühlingszwiebeln
6 EL Mayonnaise
3 EL Tomatenketchup
4 Toasties

Hackfleisch, Paniermehl und Eier glatt verkneten und das Ganze salzen und pfeffern. Mit angefeuchteten Händen 4 flache Frikadellen aus dem Teig formen. Auf einen geölten Teller legen, mit je 1 TL Öl bepinseln und für ca. 7 Minuten in das Gefrierfach stellen.

Radicchio putzen, Blätter waschen und trocken schleudern. Mango schälen und das Fruchtfleisch in Scheiben schneiden. Frühlingszwiebeln waschen, putzen und weißen sowie hellgrünen Teil schräg in feine Ringe schneiden. Mayonnaise mit Ketchup verrühren und mit Salz und Pfeffer würzen.

Frikadellen in einer heißen Pfanne auf jeder Seite 3–4 Minuten grillen. In der Zwischenzeit die Toasties knusprig toasten. Toasties waagerecht halbieren und mit der Mayo-Ketchup-Mischung bestreichen. Toastieböden schichtweise mit Radicchio, Frikadellen, Mango und Frühlingszwiebeln belegen, Deckel aufsetzen und anschließend rasch servieren.

TIPP
Natürlich können auch Burgerbrötchen verwendet werden.

Zubereitungszeit: **30 Min.** Nährwerte pro Person: **711 kcal, 2975 kJ, 39 g EW, 46 g F, 37 g KH**

Burger mit Mango

55

Kalorien ●●

Zubereitungszeit 🕐

Zubereitung einfach

Vorbereitung Zubereitung direkt vor dem Servieren

Fruchtige Hähnchenkeulen

Für 4 Personen:
4 Hähnchenkeulen
Saft von 1 1/2 Limetten
Salz
Pfeffer
3 1/2 EL Olivenöl
3 Stängel Petersilie
1 TL Thymian-blättchen
1 kleine rote Chili-schote
2 Papayas
2 Frühlingszwiebeln
1 rote Paprikaschote

Hähnchenkeulen im Gelenk durchschneiden und von der Haut befreien. Den Saft von 1 Limette mit Salz, Pfeffer und 3 EL Öl verquirlen. Petersilie und Thymian abbrausen und hacken.

Chili waschen, entkernen und fein würfeln. Mit den Kräutern unter die Marinade rühren und Hähnchen damit bestreichen. Über Nacht im Kühlschrank marinieren.

Papayas halbieren, Kerne entfernen und Früchte dünn schälen. 1 Papaya klein würfeln. Frühlingszwiebeln kalt waschen, putzen und fein schneiden. Paprika putzen, waschen und klein würfeln. Übrige Papaya pürieren.

Frühlingszwiebeln, Papayawürfel und Paprika unter das Püree heben. Mit Salz, Pfeffer und dem übrigen Limettensaft würzen.

Eine Grillpfanne mit dem übrigen Öl bestreichen und stark erhitzen. Fleisch aus der Marinade heben und abtropfen lassen. Im heißen Öl ca. 15 Minuten braten, dabei ab und zu wenden. Dabei darauf achten, dass das Fleisch nicht zu dunkel wird.

Hähnchenkeulen auf Tellern anrichten. Mit der Papayasoße servieren.

Zubereitungszeit: **45 Min. + 12 Std.** Nährwerte pro Person: **426 kcal, 1782 kJ, 37 g EW, 28 g F, 6 g KH**

Fruchtige Hähnchenkeulen

Kalorien ●

Zubereitungszeit 🕐🕐🕐

Zubereitung mittel

Vorbereitung kann gut vorbereitet werden

Gemüsepfanne mit Schweinelende

Für 4 Personen:
2 gelbe Paprikaschoten
150 g Zuckerschoten
Salz
250 g Möhren
150 g Champignons
1 Knoblauchzehe
600 g Schweinelende
Öl
100 ml Orangensaft
Pfeffer
2 EL helle Sesamkörner

Paprika putzen, waschen und Fruchtfleisch in schmale Streifen schneiden. Zuckerschoten waschen, putzen und in kochendem Salzwasser 2 Minuten blanchieren. Abgießen, eiskalt abschrecken und gut abtropfen lassen.

Möhren schälen und in Stifte schneiden. Pilze putzen, mit Küchenpapier trocken abreiben und vierteln. Den Knoblauch abziehen und fein hacken. Fleisch waschen, trocken tupfen, parieren und in 1 1/2 cm dicke Medaillons schneiden.

2 EL Öl in einer Pfanne erhitzen und Gemüse mit Knoblauch darin unter gelegentlichem Schwenken 2 Minuten anschwitzen. Orangensaft angießen. Das Ganze salzen, pfeffern und weitere 5 Minuten schmoren lassen.

In einer weiteren Pfanne 2 EL Öl erhitzen und das Fleisch von beiden Seiten scharf anbraten. Zum Schluss mit Salz und Pfeffer würzen.

Gemüse auf 4 vorgewärmten Tellern anrichten und die Medaillons daraufsetzen. Das Ganze mit Sesam bestreuen und dann Gemüsepfanne mit Schweinelende rasch heiß servieren.

Zubereitungszeit: **40 Min.**   Nährwerte pro Person: **237 kcal, 992 kJ, 36 g EW, 7 g F, 6 g KH**

Gemüsepfanne mit Schweinelende

Kalorien ●

Zubereitungszeit 🕐🕐

Zubereitung einfach

Vorbereitung Zubereitung direkt vor dem Servieren

Chickenwings mit Dip und Mais

Für 4 Personen:
Für die Chickenwings:
16 Chickenwings (Hähnchenflügel)
Salz, Pfeffer
1 EL Paprikapulver edelsüß
3 EL Pflanzenöl
3 EL Ketchup
1 EL Sojasoße

Für den Dip:
150 g saure Sahne
50 g Crème fraîche
Salz
Pfeffer
3 EL gemischte Kräuter (z. B. Petersilie, Schnittlauch, Dill, Basilikum), frisch gehackt

Für den Mais:
1 Dose Mais (285 g)
1 EL Butter
Salz
Zucker

Hähnchenflügel kalt abwaschen und trocken tupfen. Mit Salz, Pfeffer und Paprikapulver einreiben. Das Öl in einer Pfanne erhitzen und Hähnchenflügel darin rundherum goldbraun anbraten.

Ketchup mit Sojasoße verrühren und die Hähnchenflügel damit dünn bestreichen. Auf einen Grillrost legen und unter dem Backofengrill in ca. 5 Minuten braun braten. Wenn Sie einen Backofen ohne Grillfunktion haben, können Sie die Hähnchenflügel in die oberste Schiene des auf 250 Grad vorgeheizten Ofens schieben.

Für den Dip die saure Sahne mit Crème fraîche verrühren und mit Salz und Pfeffer abschmecken. Kräuter unterrühren.

Den Mais in eine Sieb geben und gründlich abtropfen lassen. Butter in einem Topf schmelzen lassen und Mais darin kurz erwärmen. Mit etwas Salz und Zucker abschmecken.

Chickenwings mit Kräuterdip und Mais anrichten. Anschließend rasch noch heiß servieren.

Zubereitungszeit: **25 Min.** Nährwerte pro Person: **515 kcal, 2155 kJ, 26 g EW, 40 g F, 15 g KH**

Chickenwings mit Dip und Mais

Kalorien ●●

Zubereitungszeit 🕐

Zubereitung einfach

Vorbereitung Zubereitung direkt vor dem Servieren

Putenauflauf mit Brokkoli

Für 4 Personen:
600 g Brokkoli
Salz
200 g Champignons
3 Zwiebeln
3 Knoblauchzehen
500 g Putenbrustfilet
2 EL Olivenöl
Pfeffer aus der Mühle
1 Prise Muskatnuss, frisch gerieben
1 EL Butter
4 Eier
150 g Sahne
4 EL Käse, gerieben (z. B. Edamer)
3 EL Mandelblättchen

Backofen auf 200 Grad vorheizen. Brokkoli putzen, waschen und in kleine Röschen teilen. Stiele schälen und klein schneiden.

Die Brokkoliröschen in kochendem Salzwasser 3 Minuten blanchieren. In ein Sieb abgießen, mit kaltem Wasser abschrecken und gut abtropfen lassen.

Champignons mit Küchenpapier gut abreiben, putzen und in Scheiben schneiden. Zwiebeln und Knoblauch schälen, Knoblauch fein hacken, Zwiebeln in sehr dünne Streifen schneiden.

Putenbrustfilet kurz kalt abspülen, trocken tupfen und in gleichmäßige Streifen schneiden. Olivenöl in einer großen Pfanne erhitzen und die Putenbruststreifen darin rundum kräftig anbraten.

Champignons, Brokkolistiele, Knoblauch und Zwiebeln dazugeben und kurz mitbraten. Alles mit Salz, Pfeffer und Muskatnuss würzen und mit den Brokkoliröschen behutsam untermengen.

Eine Auflaufform dünn mit Butter ausstreichen und die Fleisch-Champignon-Masse einfüllen. Die Eier mit der Sahne verquirlen und den Käse unterrühren.

Die Eier-Käse-Sahne über den Auflauf gießen. Mit den Mandeln bestreuen und das Ganze im heißen Ofen ca. 20 Minuten knusprig überbacken.

Zubereitungszeit: **45 Min. + 20 Min.** Nährwerte pro Person: **724 kcal, 3030 kJ, 52 g EW, 53 g F, 11 g KH**

Putenauflauf mit Brokkoli

Kalorien ●●

Zubereitungszeit 🕒🕒🕒

Zubereitung einfach

Vorbereitung kann gut vorbereitet werden

Makkaroniauflauf

Für 4 Personen:
Salz, 400 g lange Makkaroni
250 g Pfifferlinge
1 kleine Zwiebel
4 Stängel Petersilie
Butter
250 g gekochter Schinken
Pfeffer
250 ml Milch
125 g Sahne
3 Eier, 100 g Gruyère, frisch gerieben
4 EL Paniermehl

In einem länglichen Topf 4 l Wasser mit ca. 40 g Salz zum Kochen bringen. Unzerbrochene Makkaroni der Länge nach hineingeben. Nudeln nach Packungsanweisung al dente kochen. Anschließend abgießen und abtropfen lassen.

Pfifferlinge putzen. Zwiebel schälen und würfeln. Petersilie hacken. 1 EL Butter erhitzen und Zwiebelwürfel darin glasig dünsten. Pilze hinzufügen und 5 Minuten dünsten. Petersilie einrühren. Backofen auf 200 Grad vorheizen. Schinken in Streifen schneiden und mit den Pilzen vermengen. Salzen und pfeffern.

Milch mit Sahne und Eiern verquirlen. Mit etwas Salz würzen und dann den geriebenen Käse zugeben. Eine flache rechteckige Auflaufform oder eine große Kuchenform gut mit Butter ausstreichen. Ein Viertel der Makkaroni der Länge nach in die Form geben. Mit der Hälfte der Pilz-Schinken-Mischung bedecken und eine zweite Schicht Makkaroni darübergeben. Mit der Hälfte der Eiermilch bedecken. Wieder eine Schicht Makkaroni daraufgeben und den Rest des Pilz-Schinken-Gemisches darüber verteilen. Mit den übrigen Makkaroni bedecken und die restliche Eiermilch darübergießen. Oberfläche mit Paniermehl und 2 EL Butter in Flöckchen bestreuen.

Makkaroniauflauf im heißen Ofen auf der mittleren Schiene in 40–45 Minuten goldbraun backen. In dicke Scheiben geschnitten anrichten und heiß servieren.

Zubereitungszeit: **45 Min. + 45 Min.** Nährwerte pro Person: **845 kcal, 3535 kJ, 42 g EW, 40 g F, 79 g KH**

Makkaroniauflauf

60

Kalorien ●●●

Zubereitungszeit 🕒🕒🕒

Zubereitung einfach

Vorbereitung kann gut vorbereitet werden

Register

compact via

Bild- und Textnachweis

Almond Board of California: 5, 68, 74; Arras/Südwest Verlag: 4, 56; Bonisolli/Südwest Verlag: 27; California Walnut Commission: 26, 51, 84; Cranberry Marketing Committee: 13, 30, 47, 69, 71, 75; Fisch-Informationszentrum: 43, 49; Jessen/Südwest Verlag: 55; Köllnflocken: 87; Newedel/Bassermann Verlag: 12, 41, 60, 89; Peters/Südwest Verlag: 64; Photocuisine: 15, 17, 21, 23, 24, 25, 28, 62, 65, 76; Plewinski/Südwest Verlag: 14, 22; Politt/Südwest Verlag: 34, 35, 40; Rees/Südwest Verlag: 7; Seiffe/Südwest Verlag: 45, 78, 86, 90; Smend/Goldmann Verlag: 50; Smend/Südwest Verlag: 19, 72; StockFood: 1, 2, 3, 6, 8, 9, 11, 16, 18, 20, 31, 32, 33, 36, 37, 38, 39, 42, 44, 46, 48, 52, 53, 54, 57, 58, 59, 61, 63, 66, 67, 70, 73, 77, 80, 81, 82, 83, 85, 88; Wild Blueberry Association of North America: 10, 29, 79

- **Zubereitungszeit:** von schnell bis zeitintensiv

	⏱	⏱⏱	⏱⏱⏱
Vorspeise	bis 20 Min.	bis 40 Min.	über 40 Min.
Hauptgericht	bis 30 Min.	bis 1 Std.	über 1 Std.
Nachspeise	bis 20 Min.	bis 40 Min.	über 40 Min.

- **Zubereitung:** Es wird angegeben, ob das Gericht einfach zuzubereiten ist, ob es sich um ein mittelschweres Rezept handelt oder ob die Zubereitung schwierig ist.

- **Vorbereitung:** Es wird angegeben, ob das Gericht direkt vor dem Essen zubereitet wird oder ob es sich gut vorbereiten lässt.

Schokoladenpudding

Für 4 Personen:
100 g Zartbitter-schokolade
500 ml Milch
1/4 Vanilleschote
2 Eier
50 g Zucker
30 g Stärkemehl

Die Schokolade in Stücke brechen. Von der Milch ein wenig abnehmen und den Rest in einen Topf geben. Schokolade und Vanilleschote hinzufügen und das Ganze unter häufigem Rühren langsam zum Kochen bringen.

Eier trennen. Eiweiß zu Schnee schlagen und kalt stellen. Eigelb mit dem Zucker schaumig schlagen. Stärkemehl und restliche Milch glatt rühren und unter das Eigelb mengen. Unter Rühren die kochende Schokoladenmilch zur Eigelbmischung geben. Das Ganze in den Topf zurückgeben und einmal kurz aufkochen lassen.

Masse von der Kochstelle nehmen und kurz weiterschlagen. Dann den Eischnee unter die noch heiße Creme ziehen und dabei die Vanilleschote entfernen. Die Schokoladencreme in 4 Dessertschälchen füllen und ca. 30 Minuten abkühlen lassen.

TIPP
Lecker ist zu Schokoladenpudding eine Vanillesoße. Dafür das Mark von 1 Vanilleschote mit 500 ml Milch aufkochen. Bei milder Hitze 5 Minuten ziehen lassen. 2 Eigelb und 1 Päckchen Bourbon-Vanillezucker vermengen. Mit wenig Vanillemilch glatt rühren, dann unter die restliche Milch schlagen. 60 g Zucker zugeben. Bei mittlerer Hitze sämig werden lassen, dabei aber nicht kochen, damit das Eigelb nicht gerinnt.

Zubereitungszeit: **20 Min. + 30 Min.** Nährwerte pro Person: **310 kcal, 1297 kJ, 8 g EW, 14 g F, 37 g KH**

Schokoladenpudding

Kalorien ●●

Zubereitungszeit ⏲⏲⏲

Zubereitung mittel

Vorbereitung kann gut vorbereitet werden

Birnenkompott

Für 4 Personen:
500 g Birnen
50 g Zucker
1 Päckchen Vanillezucker
1 Zimtstange
3 Gewürznelken
2 EL Zitronensaft

Birnen schälen, halbieren, entkernen und Fruchtfleisch in Spalten schneiden. 250 ml Wasser mit Zucker, Vanillezucker, Zimtstange und Gewürznelken in einem Topf aufkochen.

Birnenspalten dazugeben, das Ganze erneut zum Kochen bringen und in ca. 10 Minuten weich kochen. Dabei immer wieder umrühren. Anschließend den Zitronensaft unterrühren.

Das Birnenkompott vom Herd ziehen und vollständig abkühlen lassen. Anschließend Zimtstange und Gewürznelken entfernen. Das Kompott in Dessertschalen füllen und servieren.

Zubereitungszeit: **30 Min.** Nährwerte pro Person: **80 kcal, 334 kJ, 1 g EW, 1 g F, 20 g KH**

Birnenkompott

Kalorien ●

Zubereitungszeit ◷◷

Zubereitung einfach

Vorbereitung kann gut vorbereitet werden

Erdbeer-Joghurt-Creme

Für 4 Personen:
7 Blatt Gelatine
200 g Sahne
2 EL Zucker
500 g Erdbeerjoghurt
100 ml Erdbeersaft
6 große Erdbeeren
8 Minzeblättchen zum Garnieren

5 Blatt und 2 Blatt Gelatine getrennt in kaltem Wasser einweichen. Sahne mit Zucker in einer Schüssel steif schlagen.

Die 5 Blatt Gelatine tropfnass in einen kleinen Topf geben und auflösen, etwas abkühlen lassen und zügig in den Joghurt einrühren. Sobald die Masse beginnt, fest zu werden, Sahne unterheben und die Joghurtcreme in kleine Dessertgläser füllen.

Erdbeersaft in einem kleinen Topf erwärmen, die restliche Gelatine darin auflösen und mit einem Esslöffel über der Creme verteilen. Erdbeeren putzen, waschen, in Scheiben schneiden und dekorativ auf dem Fruchtgelee anrichten.

Die Joghurtcreme für mindestens 1 Stunde in den Kühlschrank stellen. Nach Belieben mit Minzeblättchen garnieren und dann servieren.

TIPP
Toll schmeckt dieses Rezept auch mit anderen Beeren. Wie wäre es z. B. mit Brombeeren? Achten Sie in jedem Fall darauf, dass die Beeren reif und aromatisch sind.

Zubereitungszeit: **30 Min. + 1 Std.**   Nährwerte pro Person: **363 kcal, 1519 kJ, 17 g EW, 19 g F, 30 g KH**

Erdbeer-Joghurt-Creme

Kalorien ●●

Zubereitungszeit 🕒🕒🕒

Zubereitung mittel

Vorbereitung kann gut vorbereitet werden

Erdbeer-Rhabarber-Kompott

Für 4 Personen:
2 Blatt weiße Gelatine
2 Stangen Rhabarber
2 EL Zucker
1 Vanilleschote
1 Orange (unbehandelt)
400 g Erdbeeren
1 EL Puderzucker
Zitronenmelisseblättchen zum Garnieren

Gelatine in kaltem Wasser einweichen. Rhabarber waschen und putzen. Dann die Stangen in ca. 2 cm lange Stücke schneiden und in einen Topf geben. Mit dem Zucker vermengen.

Vanilleschote der Länge nach aufschneiden, das Mark mit einem Messer herausschaben und zum Rhabarber geben. Die Orange heiß waschen, mit Küchenpapier trocken tupfen, von der Schale 1 EL fein abreiben und den Saft auspressen. Dann den Saft unter den Rhabarber mengen.

Rhabarbermischung aufkochen und das Ganze ca. 2 Minuten köcheln lassen. Gelatine ausdrücken, langsam im heißen, aber nicht mehr kochenden Kompott auflösen und dann alles abkühlen lassen.

Erdbeeren mit kaltem Wasser waschen und abtropfen lassen. Dann putzen und große Beeren halbieren. Mit gesiebtem Puderzucker und Orangenschale vorsichtig vermengen und etwas durchziehen lassen.

Kompott und Erdbeeren in Dessertschalen anrichten. Zitronenmelisse mit kaltem Wasser abbrausen, gründlich mit Küchenpapier trocken tupfen und Erdbeer-Rhabarber-Kompott damit garnieren. Anschließend servieren.

Zubereitungszeit: **35 Min.** Nährwerte pro Person: **51 kcal, 213 kJ, 1 g EW, 0 g F, 11 g KH**

Erdbeer-Rhabarber-Kompott

Kalorien ●

Zubereitungszeit ⏱⏱

Zubereitung mittel

Vorbereitung kann gut vorbereitet werden

Grießpudding mit Beerensoße

Für 4 Personen:
1 Vanilleschote
1 l Milch
1 Zimtstange
150 g Weichweizengrieß
100 g Puderzucker
200 g rote Beeren
Saft von 1/2 Zitrone
4 Zimtstangen zum Garnieren

Vanilleschote längs halbieren. Schote und Mark mit Milch und Zimtstange in einen Topf geben und aufkochen.

Grieß und die Hälfte des Puderzuckers vermengen. Unter ständigem Rühren in die kochende Milch einrieseln lassen und Hitze reduzieren. 10 Minuten unter Rühren kochen lassen.

Zimtstange und Vanilleschote aus dem Pudding entfernen. Das Mark der Vanilleschote herausschaben und Vanillemark wieder unter den Grießpudding rühren. Auf 4 Dessertschälchen verteilen und den Pudding abkühlen lassen.

Rote Beeren waschen und verlesen. Mit dem übrigen Zucker und Zitronensaft in den Standmixer geben und pürieren. Anschließend das Ganze durch ein Haarsieb streichen.

Den Grießpudding dekorativ mit etwas Beerensoße beträufeln. Die übrige Soße separat dazu reichen. Jede Portion mit 1 Zimtstange garnieren und anschließend servieren.

Zubereitungszeit: **20 Min.** Nährwerte pro Person: **427 kcal, 1787 kJ, 12 g EW, 9 g F, 72 g KH**

Grießpudding mit Beerensoße

Kalorien ●●

Zubereitungszeit 🕐

Zubereitung einfach

Vorbereitung kann gut vorbereitet werden

Zitronencreme mit Himbeersoße

Für 4 Personen:
1 Zitrone
3 EL Zucker
6 Blatt weiße Gelatine
150 g Sahne
400 ml Buttermilch
Für die Soße:
200 g Himbeeren
1 Päckchen Vanillezucker
3 cl Himbeerlikör

Zitrone auspressen. Den Saft mit Zucker in einen Topf geben und erhitzen. Das Ganze einmal aufkochen, dann zur Seite stellen und auskühlen lassen.

Gelatine in reichlich kaltem Wasser einweichen. Sahne steif schlagen und kühl stellen. Die Buttermilch mit dem abgekühlten Zitronensaft mischen.

Gelatine ausdrücken und mit etwas Wasser in einem kleinen Topf bei niedriger Temperatur unter Rühren auflösen. Ein bisschen von der Zitronenbuttermilch einrühren und dann das Ganze vom Herd nehmen.

Die angerührte Gelatine zügig unter die restliche Buttermilch rühren. Danach das Ganze in den Kühlschrank stellen und leicht gelieren lassen.

In der Zwischenzeit für die Soße die Himbeeren verlesen, waschen und mit Küchenpapier trocken tupfen. Mit dem Vanillezucker leicht erwärmen und den Likör einrühren. Das Ganze sollte aber nicht kochen. Danach durch ein Sieb streichen und auskühlen lassen.

Sahne unter die leicht gelierte Buttermilch heben und in 4 Gläser füllen. Zitronencreme für mindestens 3 Stunden in den Kühlschrank stellen und fest werden lassen. Zum Servieren die Himbeersoße über die Creme träufeln.

Zubereitungszeit: **25 Min. + 3 Std.** Nährwerte pro Person: **229 kcal, 958 kJ, 6 g EW, 12 g F, 20 g KH**

Zitronencreme mit Himbeersoße

Kalorien ●

Zubereitungszeit ◷◷◷

Zubereitung einfach

Vorbereitung kann gut vorbereitet werden

Milchreis mit Himbeerkompott

Für 4 Personen:

Für das Kompott:
2 Stangen Rhabarber
4 EL Zucker
1 Päckchen Vanillezucker
50 ml roter Traubensaft
250 g Himbeeren
1 Msp. Speisestärke

Für den Milchreis:
500 ml Milch
1 Prise Salz
1 EL Zucker
1 Stück Zitronenschale (unbehandelt)
120 g Milchreis
100 g Sahne

Für das Kompott Rhabarber putzen und waschen. Die Stangen in mundgerechte Stücke schneiden und mit 2 EL Zucker sowie dem Vanillezucker vermischen. 15 Minuten Saft ziehen lassen.

Übrigen Zucker in einem Topf goldbraun karamellisieren. Traubensaft angießen und den Karamell loskochen. Rhabarber zugeben und kurz mitdünsten. Dann 120 ml Wasser angießen und Rhabarber zugedeckt bei milder Hitze bissfest garen.

Inzwischen Himbeeren verlesen, vorsichtig waschen und sehr gut abtropfen lassen. Speisestärke in wenig Wasser anrühren und das Rhabarberkompott damit binden. Dann die Hälfte der Himbeeren unter den fertig gegarten Rhabarber mischen. Kompott ca. 2 Stunden auskühlen lassen.

Milch aufkochen. Salz, Zucker und Zitronenschale hineingeben und den Reis dazugeben. Alles zusammen einmal aufkochen lassen und dann den Herd ausschalten. Den Reis zugedeckt ca. 30 Minuten ausquellen lassen.

Zitronenschale aus dem Reis nehmen und den Milchreis etwas abkühlen lassen. Sahne steif schlagen und unter den noch lauwarmen Reis ziehen. Abwechselnd Milchreis und abgekühltes Kompott in 4 Dessertgläser schichten. Übrige frische Himbeeren dazwischengeben. Mit je 1 Beere und ein paar Rhabarberstückchen aus dem Kompott garnieren.

Zubereitungszeit: **40 Min. + 2 Std. 30 Min.** Nährwerte pro Person: **355 kcal, 1485 kJ, 8 g EW, 12 g F, 49 g KH**

Milchreis mit Himbeerkompott

Kalorien ●●

Zubereitungszeit 🕓🕓🕓

Zubereitung mittel

Vorbereitung kann gut vorbereitet werden

Mandelmilch-Reis-Pudding

Für 4 Personen:
700 g Basmati- oder Jasminreis, gekocht
700 ml Mandelmilch
Zimtpulver
200 g Mandelblättchen, geröstet
4 TL Honig

Reis, Mandelmilch und 1 TL Zimtpulver in einer kleinen Kasserolle vermischen. Die Zutaten bei mittlerer Hitze unter ständigem Rühren allmählich zum Kochen bringen.

Danach bei nur noch schwacher Hitze ca. 5 Minuten köcheln lassen, bis die Mandelmilch langsam dickflüssiger und der Reis cremig wird.

Den Reis in Schälchen füllen und mit Mandelblättchen bestreuen. Mit Honig beträufeln und mit ein wenig Zimtpulver bestäuben.

TIPP
Mandelmilch ist in vielen Reformhäusern und Bioläden, teilweise auch im Supermarkt bei den Bioprodukten erhältlich. Der Reispudding passt zum Frühstück, als Snack oder Dessert. Besonders Kinder werden begeistert sein.

Zubereitungszeit: **15 Min.**   Nährwerte pro Person: **424 kcal, 1774 kJ, 15 g EW, 20 g F, 49 g KH**

Mandelmilch-Reis-Pudding

Kalorien ●●

Zubereitungszeit 🕒

Zubereitung einfach

Vorbereitung kann gut vorbereitet werden

Orangen-Panna-cotta

Für 4 Personen:
100 ml Orangensaft
2 EL Orangenlikör
75 g Zucker
1/2 Vanilleschote
1 Blatt Gelatine
200 g Sahne
1/2 Orange (unbehandelt)
100 g süße Äpfel
125 g frische Cranberrys
2 Stängel Minze

Orangensaft und Orangenlikör in einem Topf mit 1 EL Zucker erhitzen und auf knapp 50 ml bei mittlerer Hitze unter Rühren reduzieren.

Vanilleschote längs aufschlitzen und das Mark mit einem Messer herauskratzen. Gelatine in kaltem Wasser einweichen. Vanillemark, Vanilleschote und Sahne zum Orangensirup geben und alles aufkochen lassen.

Gelatine ausdrücken und in der Sahne-Orangen-Mischung auflösen. Abkühlen lassen, dabei ab und zu umrühren. Wenn die Orangensahne zu gelieren beginnt, Creme in kleine Formen füllen und für mindestens 3 Stunden kalt stellen.

Orangenschale fein abreiben und den Saft auspressen. Äpfel schälen, vierteln, Kerngehäuse entfernen und das Fruchtfleisch in Scheiben schneiden.

Cranberrys, Apfelscheiben, Orangensaft und -schale mit dem restlichen Zucker in einem Topf erhitzen und ca. 10 Minuten köcheln lassen, dabei gelegentlich umrühren. Minze mit kaltem Wasser abbrausen, trocken schütteln und die Blättchen abzupfen.

Creme in den Förmchen mit Cranberrysoße und Minzeblättchen garnieren und dann servieren.

Zubereitungszeit: **40 Min. + 3 Std.** Nährwerte pro Person: **287 kcal, 1207 kJ, 2 g EW, 16 g F, 32 g KH**

Orangen-Panna-cotta

Kalorien ●●

Zubereitungszeit ⏲⏲⏲

Zubereitung mittel

Vorbereitung kann gut vorbereitet werden

Rote Grütze mit Vanillesahne

Für 4 Personen:
Für die Rote Grütze:
je 100 g Rote und Schwarze Johannisbeeren
150 g kleine Erdbeeren
150 g Himbeeren
75 g Brombeeren
ca. 75 g Zucker
Saft von 1 Zitrone
400 ml Roter Johannisbeersaft
1 EL Speisestärke
Puderzucker

Für die Vanillesahne:
1 Vanilleschote
75 ml Milch
200 g Sahne
3 EL Zucker
2 Eier
3 Eigelb

Johannisbeeren von den Rispen streifen und verlesen. Erdbeeren, Himbeeren und Brombeeren putzen. 150 g Johannisbeeren, jeweils die Hälfte der Erdbeeren, Himbeeren und Brombeeren in einem Topf mit 75 g Zucker bestreuen. Zitronen- und Johannisbeersaft dazugießen und erhitzen. Kurz köcheln lassen.

Früchte durch ein Sieb gießen und gut ausdrücken. Saft auffangen und erneut aufkochen. Stärke mit etwas Wasser glatt rühren und Fruchtsoße damit binden. Übrige Früchte untermengen und erwärmen. Grütze mit Zucker abschmecken, in eine Schale füllen und mit etwas Puderzucker bestäuben. Zugedeckt 1 Stunde kühl stellen.

Für die Vanillesahne Mark aus der Vanilleschote schaben. Beides mit Milch, Sahne und 2 EL Zucker in einem Topf unter Rühren aufkochen. Vom Herd ziehen und die Vanilleschote herausnehmen.

Eier mit Eigelb und restlichem Zucker über einem heißen Wasserbad dick-cremig aufschlagen. Langsam die noch heiße Vanillesahne einrühren und das Ganze beständig von der Schüsselwand zur Mitte hin rühren, bis die Soße cremig ist. Durch ein Sieb passieren. Warm oder kalt zur Roten Grütze servieren.

Zubereitungszeit: **30 Min. + 1 Std.** Nährwerte pro Person: **487 kcal, 2038 kJ, 8 g EW, 22 g F, 60 g KH**

Rote Grütze mit Vanillesahne

Kalorien ●●

Zubereitungszeit 🕒🕒🕒

Zubereitung mittel

Vorbereitung kann gut vorbereitet werden

Eis am Stiel

Für 4 Personen:
125 g frische Erdbeeren
40 g getrocknete Cranberrys
100 ml Cranberrysaft
1 EL Zucker
1 Päckchen Vanillinzucker

Erdbeeren putzen, waschen und klein schneiden. Zusammen mit Cranberrys, Cranberrysaft, Zucker und Vanillinzucker in einen Topf geben und aufkochen. Masse in einen Mixer geben und fein pürieren.

Fruchtpüree in Stieleisbereiter à ca. 60 ml Inhalt, alternativ in leere Plastikbecher füllen. Das Ganze in den Gefrierschrank stellen.

Eisstiele oder ersatzweise Plastiklöffel nach einer Weile in das inzwischen angefrorene Eis stecken. In insgesamt mindestens 5 Stunden vollständig gefrieren lassen.

TIPP
Dieses Eis schmeckt auch toll, wenn man die Erdbeeren z. B. durch Himbeeren oder Mango ersetzt.

Zubereitungszeit: **20 Min. + 5 Std.** Nährwerte pro Person: **69 kcal, 289 kJ, 0 g EW, 0 g F, 17 g KH**

Eis am Stiel

Kalorien ●

Zubereitungszeit ◷◷◷

Zubereitung einfach

Vorbereitung kann gut vorbereitet werden

Obstsalat mit Vanillecreme

Für 4 Personen:
40 g Haselnussblättchen
Zimtpulver
5 Orangen
1 reife Ogen- oder Netzmelone (ca. 1 kg)
250 g Himbeeren
300 g Joghurt
300 g saure Sahne
etwas flüssiges Vanillearoma
4 TL Honig
2 TL Zitronensaft

Die Haselnussblättchen goldbraun rösten, dabei öfter durchschwenken. Mit Zimt bestäuben, verrühren und auf einem Teller abkühlen lassen.

Die Orangen gründlich schälen, dabei die weiße Haut entfernen. Orangenfilets auslösen und mundgerecht zerteilen.

Die Melone entkernen, in Spalten schneiden, schälen und in mundgerechte Stücke schneiden. Die Himbeeren vorsichtig waschen und abtropfen lassen.

Joghurt, saure Sahne, Vanillearoma, Honig und Zitronensaft glatt rühren. Die Vanillecreme kurz kalt stellen.

Orangen, Melone und Himbeeren vorsichtig mischen. Ebenfalls einige Minuten kalt stellen.

Kurz vor dem Essen das Obst anrichten, die Vanillecreme darüber verteilen und mit Haselnussblättchen bestreuen. Dann rasch servieren.

Zubereitungszeit: **25 Min.**   Nährwerte pro Person: **591 kcal, 2473 kJ, 12 g EW, 24 g F, 75 g KH**

Obstsalat mit Vanillecreme

Kalorien ●●●

Zubereitungszeit 🕓🕓

Zubereitung einfach

Vorbereitung kann gut vorbereitet werden

Pancakes mit Himbeeren

Für 4 Personen:
3 Eier
250 g Mehl
1/2 TL Backpulver
350 ml Milch
2 EL flüssiger Honig
1 Prise Salz
40 g Butter zum Ausbacken
200 g Himbeeren
100 g Sahne
1 EL Puderzucker
150 g Naturjoghurt
Minzeblätter zum Garnieren

Eier trennen. Eigelb mit Mehl, Backpulver, Milch und Honig in eine Rührschüssel geben und zu einem glatten Teig verrühren. 30 Minuten ruhen lassen.

Eiweiß mit 1 Prise Salz steif schlagen. Eischnee unter den Teig ziehen. Zum Ausbacken etwas Butter in einer Pfanne erhitzen. Mit einer kleinen Schöpfkelle jeweils einen Klecks Teig hineingeben und portionsweise Pancakes 1–2 Minuten von jeder Seite goldbraun backen.

Fertig gebackene Pancakes aus der Pfanne nehmen und im Ofen bei 80 Grad warm halten, bis der Teig ausgebacken ist.

Himbeeren putzen. Sahne mit dem Puderzucker steif schlagen und unter den Joghurt ziehen. Je 2 Pancakes auf einem Teller anrichten.

Je 1 Klecks Joghurtsahne und Himbeeren auf den Pancakes anrichten. Mit Minzeblättern garniert servieren.

Zubereitungszeit: **25 Min. + 30 Min.** Nährwerte pro Person: **563 kcal, 2356 kJ, 17 g EW, 26 g F, 63 g KH**

Pancakes mit Himbeeren

Kalorien ●●●

Zubereitungszeit 🕐🕐🕐

Zubereitung einfach

Vorbereitung Zubereitung direkt vor dem Servieren

Fruchtige Mandeltaschen

Für 16 Stück:
150 g gehackte Mandeln
Saft von 2 Zitronen
3 säuerliche grüne Äpfel (z. B. Granny Smith)
1–2 EL Butter
3 EL Apfelsaft
1 1/2 EL Fünf-Gewürze-Pulver
1/2 EL Vanilleextrakt
16 Wan-Tan-Teigplatten
Öl zum Frittieren

Mandeln in einer Pfanne ohne Fett bei mittlerer Hitze rösten, bis sie goldbraun sind und duften. Anschließend beiseitestellen.

Zitronensaft in eine große Schüssel geben. Äpfel schälen, vierteln, entkernen und in kleine Stücke schneiden. In den Zitronensaft legen und gleichmäßig bedecken, damit sie nicht braun werden. Zitronensaft abgießen.

Butter in einer Pfanne schmelzen. Mandeln und Äpfel hinzugeben und 4 Minuten köcheln lassen, bis die Äpfel anfangen, braun zu werden. Apfelsaft hinzufügen und weiterkochen, bis die Flüssigkeit größtenteils verdampft ist. Pfanne vom Herd nehmen, langsam abkühlen lassen und Fünf-Gewürze-Pulver sowie Vanilleextrakt unterrühren.

Eine kleine Schale mit etwas Wasser füllen. Eine Wan-Tan-Teigplatte auf einen Teller oder eine saubere, glatte Fläche legen und ca. 1 TL der Mandel-Apfel-Füllung in die Mitte des Teigs geben.

Einen Finger in das Wasser eintauchen und Ränder der Teigplatte befeuchten. In der Mitte zusammenklappen, Päckchen vorsichtig zusammendrücken und an den Rändern versiegeln. Unter einem feuchten Papiertuch aufbewahren. Übrige Teigplatten ebenso verarbeiten.

Öl in einem Topf erhitzen und die Mandeltaschen darin nacheinander von jeder Seite ca. 15 Sekunden goldbraun frittieren. Auf Küchenpapier abtropfen lassen. Lauwarm oder kalt servieren.

Zubereitungszeit: **45 Min.**

Nährwerte pro Stück: **157 kcal, 657 kJ, 4 g EW, 10 g F, 14 g KH**

Fruchtige Mandeltaschen

Kalorien ●

Zubereitungszeit ⏱⏱⏱

Zubereitung mittel

Vorbereitung kann gut vorbereitet werden

Kokoscrêpes mit exotischen Früchten

Für 4 Personen:
25 g Butter
60 g Mehl
1 Prise Salz
1 EL Zucker
125 ml Kokosmilch
2 Eier
30 g Kokosraspel
Pflanzenöl zum Braten

Für die Früchte:
1 Baby-Ananas
2 Sharonfrüchte
Saft von 1/2 Limette
2 TL Rohrzucker
2 Passionsfrüchte
80 g getrocknete Cranberrys
20 g Kokosspäne
Minze zum Garnieren

Butter zerlassen. Mehl mit Salz und Zucker in einer Schüssel mischen. Kokosmilch und Eier unterrühren. Zum Schluss die Butter unterziehen. Den Teig 30 Minuten quellen lassen.

Nach Ende der Quellzeit Kokosraspel unterrühren. Aus dem Teig in wenig heißem Öl goldbraune Crêpes backen.

Ananas schälen, halbieren und das Fruchtfleisch in Stücke schneiden. Sharonfrüchte waschen und in Scheiben oder Spalten schneiden. Limettensaft mit Zucker glatt rühren.

Passionsfrüchte aufschneiden und das Mark herauskratzen. Mit dem Limettensaft verrühren. Vorbereitete Früchte sowie Cranberrys zugeben und alles vorsichtig miteinander vermengen.

Kokosspäne in einer kleinen beschichteten Pfanne kurz rösten. Crêpes mit dem exotischen Fruchtsalat auf Tellern anrichten. Mit Kokosspänen bestreuen und nach Belieben mit Minze garnieren. Dann Kokoscrêpes warm servieren.

Zubereitungszeit: **40 Min. + 30 Min.** Nährwerte pro Person: **444 kcal, 1858 kJ, 7 g EW, 25 g F, 49 g KH**

Kokoscrêpes mit exotischen Früchten

Kalorien ●●

Zubereitungszeit 🕒🕒🕒

Zubereitung einfach

Vorbereitung kann gut vorbereitet werden

Apfelküchlein

Für 4 Personen:
2 Eier
250 ml Milch
100 g Mehl
1 EL Zucker
5 Äpfel
1 Prise Salz
2 EL brauner Zucker
1/2 TL Zimtpulver
Öl zum Frittieren

Eier trennen. Eigelb mit Milch in eine Rührschüssel geben und verquirlen. 50 g Mehl durch ein Sieb darüberstäuben, Zucker zugeben und das Ganze zu einem glatten Teig verrühren. 30 Minuten quellen lassen.

Die Äpfel waschen. Die Kerngehäuse ausstechen und die Äpfel in ca. 1 cm dicke Ringe schneiden.

Eiweiß mit Salz zu festem Schnee aufschlagen und mit einem Teigschaber vorsichtig unter den Eigelb-Milch-Teig heben. Übriges Mehl auf einen Teller geben. Braunen Zucker und Zimt auf einem weiteren Teller vermengen.

Öl zum Frittieren auf 170 Grad erhitzen. Die Apfelringe im Mehl wenden, überschüssiges Mehl abschütteln und einzeln durch den Milchteig ziehen. Portionsweise 2–3 Minuten im heißen Fett ausbacken.

Apfelküchlein mit einer Schaumkelle aus dem heißen Fett heben. Auf Küchenpapier entfetten lassen und anschließend in der Zucker-Zimt-Mischung wenden. Die Apfelküchlein möglichst noch warm servieren.

Zubereitungszeit: **25 Min. + 30 Min.** Nährwerte pro Person: **297 kcal, 1243 kJ, 8 g EW, 9 g F, 42 g KH**

Apfelküchlein

Kalorien ●●

Zubereitungszeit 🕓🕓🕓

Zubereitung einfach

Vorbereitung kann gut vorbereitet werden

Kaiserschmarrn

Für 4 Personen:
6 Eier
1 Prise Salz
1 TL Zitronensaft
4 EL Zucker
1 Msp. abgeriebene Zitronenschale (unbehandelt)
300 ml Milch
6 EL Mehl
3 EL Butter
2 EL Puderzucker zum Bestäuben

Eier trennen. Eiweiß mit Salz und Zitronensaft steif schlagen. Eigelb mit Zucker, Zitronenschale und Milch verquirlen.

Das Mehl in eine Rührschüssel sieben. Nach und nach die Eiermilch mit den Quirlen des Handrührgerätes unterrühren. Dann den Eischnee zugeben und vorsichtig unterziehen.

Die Hälfte der Butter in einer großen Pfanne zerlassen. Teig hineingeben und bei kleiner Hitze ca. 5 Minuten stocken lassen.

Die restliche Butter in die Pfanne geben, den Teig wenden und ca. 3 weitere Minuten stocken lassen. Danach den Teig mithilfe von 2 Pfannenwendern oder Gabeln in kleine Stücke reißen. Mit Puderzucker bestäuben und Kaiserschmarrn sofort heiß servieren.

Zubereitungszeit: **30 Min.** Nährwerte pro Person: **419 kcal, 1753 kJ, 16 g EW, 22 g F, 38 g KH**

Kaiserschmarrn

Kalorien ●●

Zubereitungszeit 🕛🕛

Zubereitung einfach

Vorbereitung Zubereitung direkt vor dem Servieren

Pfannkuchen mit Johannisbeeren

Für 4 Personen:
je 125 g Rote und Schwarze Johannisbeeren
2 Eier
Salz
75 g Mehl
50 ml fettarme Milch
2 EL brauner Zucker
3 TL Butterschmalz
150 g fettarmer Joghurt
2 TL Akazienhonig
Zimtpulver
75 g Sahne

Johannisbeeren waschen, trocken tupfen, verlesen und von den Rispen streifen. Eier trennen und Eiweiß mit 1 Prise Salz steif schlagen. Eigelb mit Mehl, Milch und Zucker glatt rühren. Ein Drittel der Beeren unterrühren. Dann übrige Beeren und Eischnee vorsichtig unterheben.

In einer beschichteten Pfanne 1 TL Schmalz bei mittlerer Hitze heiß werden lassen. Pro Küchlein 1 EL Teig hineingeben, flach drücken und von jeder Seite 3–4 Minuten backen. Nacheinander weitere Küchlein backen, bis der Teig verbraucht ist. Im Ofen bei 100 Grad warm halten.

Joghurt und Akazienhonig mit 1/2 TL Zimt verrühren. Sahne steif schlagen und unter die Joghurtmasse ziehen. Johannisbeerküchlein mit dem Zimtjoghurt auf vier Desserttellern anrichten und nach belieben mit etwas Zimt bestäuben. Sofort servieren.

Zubereitungszeit: **35 Min.** Nährwerte pro Person: **265 kcal, 1109 kJ, 9 g EW, 14 g F, 26 g KH**

Pfannkuchen mit Johannisbeeren

Kalorien ●●

Zubereitungszeit 🕐🕐

Zubereitung einfach

Vorbereitung Zubereitung direkt vor dem Servieren

Clafoutis mit Blaubeeren

Für 6 Stück:
Fett und Zucker für die Förmchen
400 g wilde TK-Blaubeeren (z. B. aus Nordamerika)
150 g Walnüsse
1 Vanilleschote
150 g Butter
75 g Mehl
100 g Zucker
Salz, 2 Eier
150 ml Milch
Puderzucker zum Bestäuben

Backofen auf 175 Grad vorheizen. 6 feuerfeste Förmchen (à ca. 125 ml Inhalt) fetten und mit Zucker ausstreuen. Blaubeeren gleichmäßig darin verteilen. 50 g Walnüsse grob hacken, restliche Walnüsse fein mahlen.

Vanilleschote längs aufschneiden und das Mark herauskratzen. Die Butter in einem Topf erhitzen und leicht bräunen lassen.

Butter, Vanillemark, Mehl, Zucker, gemahlene Walnüsse, 1 Prise Salz, Eier und Milch verquirlen. Den Teig gleichmäßig über die Beeren gießen. Mit gehackten Nüssen bestreuen.

Clafoutis im heißen Backofen auf der mittleren Schiene 30–35 Minuten backen. Anschließend etwas abkühlen lassen und mit Puderzucker bestäuben. Lauwarm servieren.

TIPP
Sehr lecker schmeckt dieses Rezept beispielsweise auch mit entsteinten Kirschen.

Zubereitungszeit: **25 Min. + 35 Min.** Nährwerte pro Stück: **555 kcal, 2322 kJ, 9 g EW, 41 g F, 38 g KH**

Clafoutis mit Blaubeeren

Kalorien ●●●

Zubereitungszeit ◷◷◷

Zubereitung einfach

Vorbereitung kann gut vorbereitet werden

Hirseauflauf mit Himbeeren

Für 4 Personen:
250 g Hirse
500 ml Vollmilch
2 EL Butter
1 Päckchen Vanillezucker
Salz
4 EL Honig
4 Eier
250 g Himbeeren

Hirse waschen und mit Milch, 1 EL Butter, Vanillezucker und 1 Prise Salz in einem Topf zum Kochen bringen. Den Hirsebrei 5 Minuten kochen lassen, dabei öfter umrühren.

Den Topf vom Herd ziehen und kurz abkühlen lassen. Dann den Honig unterrühren und 1 Stunde auskühlen lassen.

Den Backofen auf 170 Grad vorheizen. Eine Auflaufform mit der restlichen Butter einfetten. Die Eier trennen. Eiweiß zu einem sehr steifen Eischnee schlagen. Eigelb leicht verquirlen und unter die Hirsemasse rühren.

Himbeeren kurz kalt abbrausen und trocken tupfen. Den Eischnee mit den Himbeeren unter die Hirsemasse heben.

Die Auflaufmasse in die gefetteten Formen geben und in den heißen Ofen schieben. 30–40 Minuten goldgelb backen. Nach Belieben warm oder kalt servieren.

TIPP
Reichen Sie hierzu eine selbst gemachte Vanillesoße. Dafür 4 Eigelb mit 4 EL Zucker schaumig schlagen. Mark von 2 Vanilleschoten mit 200 ml Milch und 200 g Sahne verrühren. Eigelbcreme unterrühren und das Ganze unter Rühren langsam erhitzen, bis die Soße cremig wird. Sie darf nicht kochen, da sie sonst gerinnt.

Zubereitungszeit: **30 Min. + 1 Std. + 40 Min.** Nährwerte pro Person: **484 kcal, 2025 kJ, 19 g EW, 17 g F, 62 g KH**

Hirseauflauf mit Himbeeren

Kalorien ●●

Zubereitungszeit ⏱⏱⏱

Zubereitung einfach

Vorbereitung kann gut vorbereitet werden

Apfel-Birnen-Crumble

Für 4 Personen:
350 g Äpfel
150 g Birnen
Fett für die Förmchen
2 EL Zucker
Saft von 1/2 Zitrone
100 g kernige Haferflocken
80 g brauner Zucker
40 g Mehl
1 TL Zimtpulver
80 g Butter

Äpfel und Birnen schälen und halbieren, von Kerngehäusen befreien und Fruchtfleisch klein würfeln.

Die Apfel- und Birnenstücke in gefettete Portionsförmchen verteilen, mit Zucker bestreuen und mit Zitronensaft beträufeln. Backofen auf 180 Grad vorheizen.

Haferflocken mit braunem Zucker, Mehl und Zimtpulver in eine Rührschüssel geben und gründlich vermischen. Butter bei schwacher Hitze zerlassen, kurz abkühlen lassen und zur Haferflockenmischung geben. Das Ganze mit den Fingern zu Krümeln verkneten.

Krümel über dem Obst verteilen und auf der mittleren Schiene im heißen Backofen 20–25 Minuten goldbraun überbacken. Danach kurz ausdampfen lassen und noch warm servieren.

TIPP
Für das Crumble können auch andere Früchte verwendet werden – für eine sommerliche Variante eignen sich z. B. Rhabarber und/oder Aprikosen.

Zubereitungszeit: **20 Min. + 25 Min.** Nährwerte pro Person: **430 kcal, 1799 kJ, 5 g EW, 16 g F, 66 g KH**

Apfel-Birnen-Crumble

Kalorien ●●

Zubereitungszeit 🕒🕒🕒

Zubereitung einfach

Vorbereitung kann gut vorbereitet werden

Schnelles Blaubeer-Joghurt-Gratin

Für 4 Personen:
80 g Blaubeeren
350 g Joghurt
2 EL Zitronensaft
4 EL Orangensaft
40 g weißer Zucker
40 g Rohrzucker

Blaubeeren mit kaltem Wasser waschen. Dann verlesen und mit Küchenpapier trocken tupfen.

Joghurt in eine Rührschüssel geben. Zitronen- und Orangensaft sowie weißen Zucker zugeben und das Ganze gut verrühren.

Blaubeeren unter die Creme rühren und in 4 ofenfeste Portionsförmchen füllen. Mit braunem Zucker bestreuen.

Vor dem Servieren die Creme kurz unter den heißen Backofengrill schieben, bis die Oberfläche karamellisiert. Anschließend sofort servieren.

TIPP
Ganz nach Geschmack und Saison können natürlich auch andere Beeren für dieses Dessert verwendet werden. Ausgezeichnet eignen sich beispielsweise auch Himbeeren oder Brombeeren. Ihrer Fantasie sind hier keine Grenzen gesetzt.

Zubereitungszeit: **20 Min.**

Nährwerte pro Person: **232 kcal, 971 kJ, 4 g EW, 5 g F, 39 g KH**

Schnelles Blaubeer-Joghurt-Gratin

Kalorien ●

Zubereitungszeit 🕐

Zubereitung einfach

Vorbereitung Zubereitung direkt vor dem Servieren

Kirschauflauf

Für 4 Personen:
4 altbackene Brötchen
350 ml Milch
500 g Kirschen
3 Eier, 40 g Butter
75 g brauner Zucker
3 EL gemahlene Haselnüsse
1/4 TL Zimtpulver
1/2 TL abgeriebene Zitronenschale (unbehandelt)
Butter für die Form
Puderzucker zum Bestäuben

Brötchen in dünne Scheiben schneiden. Mit Milch begießen und durchziehen lassen.

Backofen auf 180 Grad vorheizen. Kirschen waschen, entsteinen und in einem Sieb gut abtropfen lassen. Eier trennen. Eiweiß steif schlagen.

Brötchen aus der Milch heben und ausdrücken. Butter schaumig schlagen. Dann Eigelb, Zucker und Brötchen zugeben. Gemahlene Haselnüsse untermengen. Zimt und Zitronenschale einrühren. Die Hälfte der Kirschen zum Teig geben und vorsichtig untermengen. Zum Schluss den Eischnee unterziehen.

Eine Auflaufform mit Butter ausfetten. Die Brötchen-Kirsch-Masse einfüllen und glatt streichen.

Die restlichen Kirschen gleichmäßig auf dem Auflauf verteilen und etwas in die Masse eindrücken. In den heißen Ofen schieben und den Kirschauflauf auf der mittleren Schiene ca. 40 Minuten goldbraun backen.

Nach Ende der Garzeit kurz ausdampfen lassen. Mit Puderzucker bestäuben und heiß servieren.

Zubereitungszeit: **30 Min. + 40 Min.** Nährwerte pro Person: **495 kcal, 2071 kJ, 12 g EW, 21 g F, 62 g KH**

Kirschauflauf

Kalorien ●●

Zubereitungszeit 🕒🕒🕒

Zubereitung einfach

Vorbereitung kann gut vorbereitet werden

Beerencrumble mit Walnüssen

Für 4 Personen:
600 g gemischte Beeren (z. B. Himbeeren, Heidelbeeren, Johannisbeeren und Brombeeren)
2 Päckchen Vanillezucker
50 g Walnüsse
2 EL Mehl
2 EL Zucker
2 EL weiche Butter

Die gemischten Beeren verlesen, vorsichtig mit kaltem Wasser waschen, gründlich abtropfen lassen oder trocken tupfen. Die Beeren mit Vanillezucker in einer Schüssel mischen und auf 4 ofenfeste Tassen oder Schalen verteilen.

Den Backofen auf 200 Grad vorheizen. Walnüsse fein hacken. Mehl mit Walnüssen, Zucker und Butter zu Streuseln vermengen. Die Streusel über die Beeren bröseln.

Das Ganze in den heißen Ofen auf die mittlere Schiene stellen und Crumble 12–15 Minuten backen. Das Beerencrumble mit Walnüssen kurz ausdampfen lassen und noch warm servieren.

TIPP
Zu dieser warmen Köstlichkeit können Sie nach Belieben Vanilleeis oder Schlagsahne reichen.

Zubereitungszeit: **15 Min. + 15 Min.** Nährwerte pro Person: **171 kcal, 716 kJ, 3 g EW, 10 g F, 16 g KH**

Beerencrumble mit Walnüssen

Kalorien ●

Zubereitungszeit 🕒🕒

Zubereitung einfach

Vorbereitung kann gut vorbereitet werden

Früchte-Vanille-Strudel

Für ca. 12 Stücke:

Für den Teig:
1 Ei
1 TL Essig
2 EL Pflanzenöl
150 g Mehl
1 Prise Salz
1 TL Zucker

Für die Füllung:
1 Päckchen Vanillepuddingpulver
500 ml Milch
3 EL Zucker
Puderzucker
3 Äpfel
1 EL Zitronensaft
200 g Kirschen

Außerdem:
Mehl und Puderzucker

Für den Strudelteig Ei mit Essig, 2 EL lauwarmem Wasser und Öl verrühren. Mehl, Salz und Zucker vermengen. Die Flüssigkeit unter ständigem Kneten unter das Mehl arbeiten. Ca. 10 Minuten kräftig kneten, bis ein geschmeidiger Teig entstanden ist. Strudelteig auf einer bemehlte Arbeitsfläche kräftig schlagen, bis keine Luft mehr im Teig ist. Teig in Folie wickeln. 30 Minuten ruhen lassen.

Ofen auf 200 Grad vorheizen. Pudding nach Packungsangabe mit Milch und Zucker zubereiten. In eine Schüssel füllen. Mit etwas Puderzucker bestäuben und erkalten lassen.

Apfelfruchtfleisch klein schneiden und sofort mit Zitronensaft beträufeln. Kirschen waschen, entkernen und halbieren.

Strudelteig in 2 Portionen teilen. Auf einer bemehlten Arbeitsfläche etwas ausrollen und jeweils auf einem sauberen, bemehlten Küchentuch dünn ausziehen. Mit dem Pudding bestreichen, dabei einen kleinen Rand freilassen. Mit den Früchten belegen. Jeweils die gegenüberliegenden Seiten des Teiges leicht einschlagen. Den Teig mithilfe der Küchentücher aufrollen.

Ein Blech mit Backpapier auslegen und die beiden Strudel daraufsetzen. Im Ofen ca. 30 Minuten goldbraun backen.

Nach Ende der Backzeit Strudel aus dem Ofen nehmen und kurz abkühlen lassen. Mit etwas Puderzucker bestäuben und dann servieren.

Zubereitungszeit: **45 Min. + 30 Min. + 30 Min.** Nährwerte pro Stück: **188 kcal, 787 kJ, 3 g EW, 7 g F, 27 g KH**

Früchte-Vanille-Strudel

Kalorien ●

Zubereitungszeit ◷◷◷

Zubereitung schwierig

Vorbereitung kann gut vorbereitet werden

Orangenkekse

Für ca. 35 Stück:
40 g Margarine
125 g kernige Haferflocken
1 Ei
75 g Joghurt (1,5 % Fett)
125 g brauner Zucker
1 Päckchen Vanillezucker
Salz
1 Msp. Zimtpulver
2 EL Orangeat
abgeriebene Schale von 2 Orangen (unbehandelt)
2 EL Orangensaft
50 g Weizenvollkornmehl
100 g Kuvertüre

Margarine in einer beschichteten Pfanne zerlassen und Haferflocken darin etwas anrösten. In eine Schüssel geben und abkühlen lassen. Backofen auf 200 Grad vorheizen.

Ei mit Joghurt, Zucker, Vanillezucker, Salz, Zimt, Orangeat, Orangenschale und -saft schaumig rühren. Zwei Backbleche mit Backpapier auslegen. Haferflocken mit Mehl unter die Eimischung rühren.

Mit einem Teelöffel Portionen vom Teig abstechen und in runden Häufchen nicht zu eng nebeneinander auf die Bleche setzen. Etwas flach drücken. Kekse in den Ofen schieben und ca. 10 Minuten backen.

Nach Ende der Backzeit Kekse auskühlen lassen. Kuvertüre schmelzen und Orangentaler mit den Böden leicht eintauchen. Kuvertüre trocknen lassen.

TIPP
Wer es besonders orangig mag, gibt noch 1/2 TL Orangenkonfitüre in die geschmolzene Kuvertüre.

Zubereitungszeit: **35 Min. + 10 Min.** Nährwerte pro Stück: **55 kcal, 230 kJ, 1 g EW, 2 g F, 9 g KH**

Orangenkekse

86

Kalorien ●

Zubereitungszeit ⏱⏱⏱

Zubereitung mittel

Vorbereitung kann gut vorbereitet werden

Fruchtige Knabberplätzchen

Für ca. 45 Stück:
100 g Haselnüsse
100 g Mandeln
180 g Trockenfrüchte
100 g Butter
100 g Honig
80 g Zuckerrübensirup
abgeriebene Schale von 1 Zitrone (unbehandelt)
1/2 TL Zimtpulver
150 ml kohlensäurereiches Mineralwasser
200 g Weizenmehl (Type 550)
100 g kernige Haferflocken

Haselnüsse, Mandeln und Trockenfrüchte mittelfein hacken. Dann die Trockenfrüchte mit den Haselnüssen und Mandeln mischen.

Butter in einem Kochtopf bei schwacher Hitze schmelzen und mit Honig sowie Zuckerrübensirup verrühren. Trockenfrüchte und Nüsse hinzufügen. Dann nacheinander Zitronenschale, Zimt, Mineralwasser, Weizenmehl und Haferflocken unterrühren. Den Teig abgedeckt 1–2 Stunden ruhen lassen.

Den Backofen auf 175 Grad vorheizen. Aus dem Teig ca. 45 kirschgroße Kugeln formen und diese auf ein mit Backpapier belegtes Blech legen. Mit einer Gabel oder einem Fleischklopfer zu flachen Kreisen drücken.

Die Plätzchen in den heißen Ofen auf die mittlere Schiene stellen und ca. 20 Minuten backen. Die Plätzchen vor dem Servieren etwas auskühlen lassen.

TIPP
Zuvor in Traubensaft eingelegte Trockenfrüchte verleihen den Plätzchen ein noch fruchtig-süßeres Aroma.

Zubereitungszeit: **30 Min. + 2 Std. + 20 Min.** Nährwerte pro Stück: **67 kcal, 281 kJ, 2 g EW, 3 g F, 8 g KH**

Fruchtige Knabberplätzchen

Kalorien ●

Zubereitungszeit 🕐🕐🕐

Zubereitung einfach

Vorbereitung kann gut vorbereitet werden

Konfettimuffins

Für 12 Stück:
1 Ei
75 ml neutrales Öl
100 g saure Sahne
200 g Mehl
100 g Zucker
1 Päckchen Backpulver
1 Msp. Salz
100 g Puderzucker
1 EL Zitronensaft
150 g bunte Schokolinsen zum Garnieren

Den Backofen auf 200 Grad vorheizen. 12 farbige Papierbackförmchen in die Vertiefungen eines Muffinblechs setzen. In einer Schüssel Ei und Öl verrühren. Die saure Sahne unterrühren.

In einer weiteren Rührschüssel Mehl, Zucker, Backpulver und Salz vermischen. Anschließend das Ganze vorsichtig mit einem Löffel unter die Ei-Öl-Sahne-Mischung mengen.

Den Teig in die Förmchen füllen. Das Ganze im heißen Backofen auf der mittleren Schiene ca. 20 Minuten backen. Danach herausnehmen und auf einem Kuchengitter auskühlen lassen.

Zum Garnieren Puderzucker mit Zitronensaft glatt rühren und die Muffins damit bestreichen. Jeweils einige Schokolinsen auf den feuchten Guss legen und das Ganze gut trocknen lassen.

TIPP
Verzieren Sie die Muffins doch auch mal mit Zitronenzesten und verschiedenfarbigen Zuckerperlen.

Zubereitungszeit: **20 Min. + 20 Min.** Nährwerte pro Stück: **265 kcal, 1109 kJ, 4 g EW, 12 g F, 36 g KH**

Konfettimuffins

Kalorien ●●

Zubereitungszeit 🕓🕓

Zubereitung einfach

Vorbereitung kann gut vorbereitet werden

Saftiger Schokoladenkuchen

Für ca. 20 Stücke:
250 g Butter
250 g Zartbitterschokolade
6 Eier
200 g Zucker
250 g gemahlene Mandeln
100 g Mehl
Butter für das Blech
Puderzucker zum Bestäuben
Schokoladenröllchen zum Garnieren

Den Backofen auf 180 Grad vorheizen. Butter mit Schokolade in einen kleinen Topf geben. Bei milder Hitze das Ganze unter Rühren schmelzen. Anschließend wieder abkühlen lassen.

Eier und Zucker in eine Rührschüssel geben. Mit den Quirlen des Handrührgerätes schaumig schlagen, bis sich der Zucker vollständig gelöst hat. Abgekühlte Butter-Schokoladen-Mischung dazugeben.

Die gemahlenen Mandeln und das Mehl vermengen und sieben. Dann sorgfältig unter die Schokoladenmischung rühren, damit keine Klümpchen entstehen.

Ein Backblech mit Backpapier belegen oder mit Butter fetten. Teigmasse auf das Blech streichen. Den Kuchen im heißen Backofen auf der mittleren Schiene ca. 20 Minuten backen. Abkühlen lassen und in Stücke schneiden. Vor dem Servieren mit Puderzucker bestäuben und nach Wunsch mit Schokoladenröllchen garnieren.

TIPP
Zartbitterschokolade besitzt mindestens 48 % Kakaomasse und ist dunkler als herkömmliche Vollmilchschokolade. Je höher der Kakaoanteil, desto hochwertiger ist die Schokolade, da sie weniger Zucker und Milch enthält.

Zubereitungszeit: **20 Min. + 20 Min.** Nährwerte pro Stück: **311 kcal, 1301 kJ, 6 g EW, 23 g F, 20 g KH**

Saftiger Schokoladenkuchen

Kalorien ●●

Zubereitungszeit 🕐🕐

Zubereitung einfach

Vorbereitung kann gut vorbereitet werden

Muffins mit Heidelbeeren

Für 12 Stück:
2 EL Butter
125 g Zucker
1 Ei
250 g Joghurt (1,5% Fett)
100 g Heidelbeeren
300 g Mehl
1 TL Backpulver
1/2 TL Natron
Salz

Den Backofen auf 200 Grad vorheizen. Butter zerlassen und mit Zucker, Ei und Joghurt schaumig schlagen. Beeren waschen, verlesen und trocken tupfen.

Mehl mit Backpulver, Natron und 1 Prise Salz vermengen und auf die Butter-Joghurt-Mischung geben. Rühren, bis alle Zutaten vermischt sind und dann Beeren unterheben.

12 Papierbackförmchen in die Vertiefungen eines Muffinblechs setzen und den Teig einfüllen. In den heißen Backofen stellen und Muffins auf der mittleren Schiene ca. 25 Minuten backen.

Nach Ende der Backzeit die Muffins aus dem Ofen nehmen und 5 Minuten ruhen lassen. Dann aus dem Blech heben und auf einem Kuchengitter abkühlen lassen.

Zubereitungszeit: **20 Min. + 25 Min.** Nährwerte pro Stück: **166 kcal, 695 kJ, 4 g EW, 3 g F, 30 g KH**

Muffins mit Heidelbeeren

Kalorien ●

Zubereitungszeit ⏱⏱⏱

Zubereitung einfach

Vorbereitung kann gut vorbereitet werden

Register